Schwalbe/Zander, Der Verkaufsberater

Band IV: Verkaufspraxis

# Der Verkaufs-berater:

Herausgegeben von
Dr. Heinz Schwalbe
und
Prof. Dr. Ernst Zander

Band IV

# Verkaufspraxis

von
Dr. Ulrich Beyer
Peter Bodmer
Dipl.-Wirtsch.-Ing. Hatto Brenner
Manfred Broll
Dr. Heinz Schwalbe

Rudolf Haufe Verlag · Freiburg im Breisgau

CIP-Kurztitelaufnahme der Deutschen Bibliothek

**Der Verkaufsberater** : [Basiswerk] / hrsg. von Heinz Schwalbe u. Ernst Zander. – Freiburg im Breisgau : Haufe
ISBN 3-448-01740-X
NE: Schwalbe, Heinz [Hrsg.]
Bd. 4. Verkaufspraxis. – 1987
**Verkaufspraxis** / von Ulrich Beyer ... – Freiburg im Breisgau : Haufe, 1987.
(Der Verkaufsberater ; Bd. 4)
ISBN 3-448-01730-2
ISBN 3-448-01740-X (Gesamtw.)
NE: Beyer, Ulrich [Mitverf.]

ISSN 0931-413X  Best.-Nr. 00.20
ISBN 3-448-01740-X (Basiswerk, Bände I bis V)
ISBN 3-448-01730-2 (Bd. IV)
© Rudolf Haufe Verlag, Freiburg i. Br. 1987
Alle Rechte, auch die des auszugsweisen Nachdrucks, der fotomechanischen Wiedergabe (einschließlich Mikrokopie) sowie der Auswertung durch Datenbanken oder ähnliche Einrichtungen, vorbehalten.
Umschlag-Entwurf: Strehlau & Hofe, Freiburg i. Br.
Druck: VID Verlags- und Industriedrucke GmbH & Co. KG, 7730 Villingen-Schwenningen

# Vorwort

Theoretisch läßt sich die Grenze zwischen Absatzvorbereitung und Absatzdurchführung verhältnismäßig einfach ziehen. In der Praxis ist das Zusammenwirken beider Absatzphasen jedoch so eng, daß nicht immer eine klare Trennungslinie sichtbar wird, doch das zeigt nur das gute Zusammenspiel, das Ineinanderübergehen absatzfördernder Aktivitäten.

Wenn hier nun von Verkaufspraxis die Rede sein wird, dann ist zu berücksichtigen, daß es auch im Verkauf Maßnahmen der Vorbereitung und Maßnahmen der Durchführung gibt, und daß diese Maßnahmen eingebettet sein müssen in alle anderen Marketingaktivitäten. Darum kann sich der Inhalt dieses Bandes nicht auf die Verkaufshandlung allein konzentrieren, denn bevor es dazu kommt, bedarf es mancher vorbereitenden Maßnahme, damit die Verkaufshandlung überhaupt möglich wird. Art und Intensität der Aktivitäten können von Fall zu Fall verschieden sein. Fest steht aber, daß niemand in eine Verkaufshandlung eintreten sollte, ohne gut vorbereitet zu sein.

Es muß auch gesagt werden, daß es hier nicht um ein Verkäufertraining geht, sondern um Anregungen, von denen die verschiedensten Mitarbeiter im Verkauf profitieren können und die selbstverständlich auch der Verkaufsführung nützlich sind. Schon deshalb stehen organisatorische Aspekte am Anfang der Erläuterungen, denn selbst dort, wo nur ein Verkäufer tätig ist, geht es nicht ohne Planung und Koordination.

Natürlich kommt niemand um die Verkaufshandlung selbst herum, und die meisten Verkäufer – wenn sie ihre Verkäufe nicht gerade schriftlich abwickeln – werden immer wieder Verkaufsgespräche führen müssen. Also ist es nützlich, diesen Vorgang einmal systematisch darzustellen. Selbst für Fachleute, die sich schon oft mit dem rationellen Ablauf von Verkaufsgesprächen befaßt haben, ist eine weitere Variante des Themas nützlich.

Es ist selbstverständlich, daß sich dieser Band auch dem Verkauf auf Auslandsmärkten widmet, denn die Bundesrepublik wäre wohl ohne ihre Exporte kaum lebensfähig. Aber nicht nur durch dieses Thema wird dieser Band abwechslungsreich. Auch die Verkaufsförderung gehört zur Verkaufspraxis.

Das Thema Verkaufsförderung zeigt nun das Ineinandergreifen von Verkauf und anderen Marketingaktivitäten deutlich, denn der Verkauf ist untrennbar mit der Werbung verbunden. Und deshalb muß noch einmal auf die Notwendigkeit einer eigenen Verknüpfung dieser beiden absatzwirtschaftlichen Komponenten hingewiesen werden.

Noch immer kommt es vor, daß Vertreter zu Kunden kommen, die mehr über die laufende Werbung wissen als der Vertreter, und mancher Vertreter erfährt erst von seinen Kunden, welche Anzeigen seiner Firma gerade laufen. Mag das auch die Ausnahme sein, so sollte es eigentlich überhaupt nicht vorkommen, und Rivalitäten zwischen der Verkaufs- und Werbeabteilung sollte es schon gar nicht geben. Hier könnte die Verkaufsförderung Brücken schlagen. Das setzt aber auch voraus, daß die im Verkauf Tätigen wenigstens kompetent über Werbung mitreden könnten.

Auch das war ein Grund dafür, daß die verkaufsfördernde Werbung behandelt wird, doch es gab weitere Gründe. Genau wie im Verkauf, so geht es auch in der Werbung um Ideen, Argumente und Appelle, und das bietet Gelegenheit, diese wichtigen Kriterien der Absatzförderung noch einmal von einer anderen Warte aus zu sehen, um dadurch der eigenen Arbeit neue Impulse zuzuleiten.

*Zürich und Hamburg, im Frühjahr 1987*

*Heinz Schwalbe*
*Ernst Zander*

# Inhaltsverzeichnis  Seite

**Vorwort** . . . . . . . . . . . . . . . . . . . . . . . . . . . . 5

**1 Verkaufsorganisation** . . . . . . . . . . . . . . . . . . . 11
  1.1 Die Stellung des Verkaufs im Unternehmen . . . . . . . . . . . 11
      1.1.1 Gewicht und Bedeutung . . . . . . . . . . . . . . . . . 14
      1.1.2 Organisation und Zielsetzung . . . . . . . . . . . . . 14
  1.2 Organisation innerhalb des Verkaufsbereichs . . . . . . . . . . 15
      1.2.1 Organisation innerhalb verschiedener Verkaufsformen . . . 19
      1.2.2 Organisation des Innendienstes . . . . . . . . . . . . . 20
      1.2.3 Organisation des Außendienstes . . . . . . . . . . . . . 21
      1.2.4 Klare Bestimmung der Wirkungsbereiche . . . . . . . . . 22
      1.2.5 Zahl der Kunden und Betreuungsaufwand . . . . . . . . . 23
      1.2.6 Verkaufsbezirke und Markterfordernisse . . . . . . . . . 24

**2 Organisationsmittel** . . . . . . . . . . . . . . . . . . . . 26
  2.1 Organisationsmittel können verkaufen helfen . . . . . . . . . 26
  2.2 Berichtswesen . . . . . . . . . . . . . . . . . . . . . . . . 30
  2.3 Planung und Koordination . . . . . . . . . . . . . . . . . . 38

**3 Verkaufstaktik – Verkaufstechnik** . . . . . . . . . . . . . . 44
  3.1 Verkaufstaktische Grundmuster . . . . . . . . . . . . . . . . 44
  3.2 Verkaufsvorbereitung . . . . . . . . . . . . . . . . . . . . 46
  3.3 Nützliche Kontakte knüpfen . . . . . . . . . . . . . . . . . 47
  3.4 Erfolgreiche Verkaufsgespräche . . . . . . . . . . . . . . . 50
      3.4.1 Begrüßung und Gesprächseröffnung . . . . . . . . . . . . 53
      3.4.2 Wünsche wecken . . . . . . . . . . . . . . . . . . . . . 55
      3.4.3 Probleme und Motive ergründen . . . . . . . . . . . . . 56
      3.4.4 Überzeugende Argumentation . . . . . . . . . . . . . . . 59
      3.4.5 Demonstrationstechniken . . . . . . . . . . . . . . . . 65
      3.4.6 Abbau von Kaufwiderständen . . . . . . . . . . . . . . . 67
      3.4.7 Kaufsignale . . . . . . . . . . . . . . . . . . . . . . 70
      3.4.8 Abschlußtechniken . . . . . . . . . . . . . . . . . . . 70
      3.4.9 Abschlußangst . . . . . . . . . . . . . . . . . . . . . 71
  3.5 Was passiert nach dem Abschluß? . . . . . . . . . . . . . . . 72

|  | Seite |
|---|---|
| **4 Verkauf auf Auslandsmärkten** | 74 |
| 4.1 Warum es sich lohnt, auch im Ausland zu verkaufen | 74 |
| 4.2 Welches Rüstzeug ist erforderlich? | 75 |
|     4.2.1 Grundbedingungen, die erfüllt sein sollten | 76 |
|     4.2.2 Ein erhöhtes Risikobewußtsein – damit Mißerfolge begrenzt bleiben | 78 |
|     4.2.3 Umfangreiche zusätzliche Informationen – die beschafft und ausgewertet werden müssen | 81 |
|     4.2.4 Institutionen und Organisationen, die bei der Informationsbeschaffung behilflich sein können | 83 |
| 4.3 Welche Wege führen in den Auslandsmarkt? | 86 |
|     4.3.1 Wie Sie geeignete Exportmärkte auswählen | 86 |
|     4.3.2 Auswahl eines geeigneten Absatzweges | 89 |
|     4.3.3 Den richtigen Vertriebspartner suchen und auswählen | 93 |
| 4.4 Was Sie vor der ersten Lieferung beachten sollten | 96 |
|     4.4.1 Verschiedene Möglichkeiten von Auslandsanfragen | 97 |
|     4.4.2 Das Exportangebot | 97 |
|     4.4.3 Lieferbedingungen im Außenhandel | 99 |
|     4.4.4 Besonderheiten der Preisbildung in Auslandsmärkten | 100 |
|     4.4.5 Absicherung der Zahlungseingänge | 101 |
|     4.4.6 Zahlungsbedingungen | 104 |
|     4.4.7 Eigentumsvorbehalt | 105 |
|     4.4.8 Schiedsgerichtsbarkeit | 106 |
| 4.5 Wer berät und informiert? | 108 |
|     4.5.1 Rat und Tat von auslandserfahrenen Partnern | 108 |
|     4.5.2 Deutsche Handelskammern im Ausland | 108 |
|     4.5.3 Bundesstelle für Außenhandelsinformation | 109 |
|     4.5.4 Banken | 109 |
|     4.5.5 Speditionen | 110 |
|     4.5.6 Geschäftsfreunde mit Auslandserfahrung | 110 |
|     4.5.7 Auslandsberater | 110 |
|     4.5.8 Hilfe, die Ihnen der Staat bietet | 110 |

|  | Seite |
|---|---|
| **5 Verkaufsförderung als Mittel der Umsatzsteigerung** | 114 |
| 5.1 Ein klassischer Verkaufsförderungsfall | 115 |
| 5.2 Wie Verkaufsförderung funktionieren sollte | 120 |
| 5.3 Nutzen und Ziele der Verkaufsförderung | 124 |
| 5.4 Die verkaufsfördernde Wirkung der Werbung | 127 |
|     5.4.1 Wie man verkaufsfördernde Werbeideen findet | 131 |
|     5.4.2 So kommen Sie zu wirksamen Werbeaussagen | 136 |
|     5.4.3 Ideen – Argumente – Appelle | 140 |
|     5.4.4 So organisiert man verkaufsfördernde Werbung | 143 |
|     5.4.5 Werbemittel – Werbehilfen | 152 |
| 5.5 Verkaufsfördernde Raumausstattung | 157 |
| 5.6 Verkaufsförderung am Verkaufsort | 160 |
| 5.7 Verkaufsförderung durch Öffentlichkeitsarbeit | 161 |
| 5.8 Verkaufsförderungspraxis | 166 |
| 5.9 Anwendungsbreite der Verkaufsförderung | 172 |
| **Literaturnachweis** | 177 |
| **Stichwortverzeichnis** | 179 |

# 1 Verkaufsorganisation

Die Stellung des Verkaufs innerhalb des Unternehmens eindeutig zu bestimmen, ihm klare Funktionen zuzuordnen und die für ihn gültigen Vertriebsziele aus den übergeordneten Unternehmenszielen abzuleiten, zählt zu den wesentlichen Voraussetzungen, um im Sinne der Unternehmensleitung effizient zu führen. Mit einer einseitig *umsatzorientierten* Einstellung kann sich der Vertriebsbereich schnell in eine Außenseiterrolle manövrieren. Deshalb gilt es, die für die meisten Unternehmensbereiche selbstverständliche, am Ertrag orientierte Führung auch dort zu übernehmen.

## 1.1 Die Stellung des Verkaufs im Unternehmen

In der Marketingpraxis ist die Bedeutung des Verkaufs organisatorisch oft stärker hervorgehoben, als aus den meisten *theoretischen* Marketingsystemen hervorgeht. Ein großes deutsches Markenartikelunternehmen beispielsweise hat in seiner Aufbaustruktur Marketing und Verkauf als gleichrangige Vorstandsressorts. Es gibt hier keine Unterstellung des Verkaufs unter eine übergeordnete Vertriebs- oder Marketingleitung. Der Grund liegt in dem besonderen Gewicht des Verkaufs, den großen Mengen an Ware, vor allem aber darin, daß für das Produkt – es handelt sich um Zigaretten – dichte Distribution und Überallerhältlichkeit unverzichtbar sind. Die jedem Praktiker der Branche vertraute Erfahrung »Keine Zigarette wird nachgeraucht«, unterstreicht die Notwendigkeit der Zielsetzung.

**Theorie und Praxis decken sich, was den Verkauf betrifft, nicht immer**

Von solchen organisatorischen Fragen losgelöst, gilt für alle Teile des Unternehmens die Vorstellung, den Konsumenten und seine Wünsche als Ziel aller Überlegungen zu setzen. Das bedeutet, absatz- und kundenorientierte Arbeit aller Unternehmensteile und die zuerst am Markt und dann am Produkt orientierte Führung des Unternehmens.

Für das Marketingressort sind die Zielsetzung und Positionierung laufender Marken oder Neuprojekte Elemente der Strategischen Planung. Diese Planung in konkrete Markenkonzepte umzusetzen, ist der nächste Schritt. Name, Produkt, Packung, Preis, Werbung, Promotion, PR und Distribution sind Fragen, die durch die Strategie beantwortet werden müssen. Innerhalb der Marketing-Mix-Funktionen kommt der Verpackung, einschließlich aller Fragen des Designs und der Kommunikation schlechthin, besondere Funktion zu.

Grundelemente des Arbeitsauftrags für das Verkaufsressort sind die Markendistribution, die Markenpräsentation am Point of Sale und die Warenlogistik, neben der als Selbstverständlichkeit ständige Verkaufsaufgaben stehen. Die besondere Konditionenpolitik der Branche zeigt sich angesichts eines durch Gesetz fixierten Kleinverkaufspreises, in der Bereitstellung von Vergütungen für zur Verfügung gestellte Plätze in Verkaufshilfen und Automaten sowie der Hergabe von Werbeflächen.

**Reibungslose Zusammenarbeit anstreben**

Die reibungslose und enge Zusammenarbeit der Ressorts Marketing und Verkauf ist Voraussetzung für die erfolgreiche Arbeit im Markt. In unserem Beispiel gibt es den regelmäßigen Informationsaustausch und institutionalisierte Koordinationsmechanismen. Das dafür zuständige Koordinations- und Entscheidungsgremium ist der Marketingausschuß. Unter Leitung des Marketingvorstands tagt er vierzehntägig. In seinen Meetings diskutieren Fachleute beider Bereiche anstehende und dabei besonders die für Distribution und Verkaufspolitik wesentlichen Fragen.

Das Handelsmarketing, das Displays und Handelspromotions entwickelt, gehört organisatorisch zum Verkauf. Es hat die Funktion eines wichtigen Bindeglieds zwischen den Ressorts Marketing und Verkauf. Dabei erstellt der zuständige Produktmanager das jeweilige Briefing für die Promotions. In Zusammenarbeit mit dem Handelsmarketing und Werbe- und Promotionagenturen wird die Grundidee erarbeitet.

Die Zielsetzungen für die Distributionsmaßnahmen entwickeln die Produktmanager gemeinsam mit der Verkaufszentrale. Sie werden im gemeinsamen Marketingausschuß endgültig abgestimmt. Die sich daraus ergebenden Aktionen liegen dann im Verantwortungsbereich des Verkaufsressorts.

# Verkaufsorganisation

Was sich in der *einen* Branche bewährt hat, mag für *andere* wieder weniger geeignet sein, so daß sich das Spektrum vertrieblicher Organisationsformen sehr weit darstellt. Einer grundsätzlichen Einschätzung gilt die folgende Überlegung:

Das Handeln des Verkaufs wird bestimmt durch die Verkaufspolitik, die, beeinflußt durch die Marketingpolitik, sich im Rahmen der allgemeinen, übergeordneten Unternehmenspolitik zu orientieren hat. Aus den Unternehmenszielen werden so die Marketingziele abgeleitet, aus denen wiederum die Verkaufsziele aufgestellt werden. So sind Unternehmensleitung und Verkaufsleitung an den Entscheidungen beteiligt, die für Verkaufsplanung und -zielsetzung notwendig werden (1).

Wie der Verkauf arbeitet, hängt nicht nur vom Markt und den gesetzten Zielen ab. Sehr wesentlich ist auch die Verkaufsorganisation, über die verfügt werden kann, und der oder die Vertriebswege, die die größten Erfolge versprechen. Die Außendienstmitarbeiter spielen dabei eine Schlüsselrolle, denn aus ihrer marktnahen Arbeit können sie gut einschätzen, wie das Marketing funktioniert. Sie sollten dabei aber nicht übersehen, daß sie selbst das Ausmaß mitbestimmen, in dem das Zusammenspiel erfolgreich ist.

**Verkaufen ist auch eine organisatorische Angelegenheit**

Wichtiger Bestandteil des hier umrissenen Marketingsystems ist die Distribution. In diesem Zusammenhang ist damit die physische Übertragung des Angebots gemeint, d. h. seine Streuung. In der Realität ist es bekanntlich keineswegs immer so, daß Waren über den Ladentisch verkauft werden. Ebensowenig ist der Außendienstmitarbeiter immer derjenige, der zugleich ausliefert. Eine Belieferung aufgrund von Bestellungen kann sowohl durch ein eigenes Liefersystem als auch durch Spediteure erfolgen. Unter Marketinglogistik wird sowohl die Absatz- als auch die Beschaffungsebene verstanden. Des weiteren gibt es Zwischenformen der Distribution wie beispielsweise die des Fahrverkäufers.

### 1.1.1 Gewicht und Bedeutung

Gut organisierte Marketingsysteme geben dem Verkauf den notwendigen Rückhalt. Das sollte jedem Verkäufer bewußt sein. Bevor er seine Verkaufsgespräche führen kann, ist im allgemeinen eine Menge Zeit und Geld aufgewendet worden, um das Angebot, das er vertritt, marktfähig und gegenüber der Nachfrageseite bekanntzumachen. Diese Tatsache ebnet dem Verkauf nicht nur Wege, sie verpflichtet zugleich den Verkäufer.

**Verkaufen ist nicht leichter geworden**

Wenn auch fast zu allen Zeiten schon verkauft wurde, so hat sich die heute geltende und schon wieder in vielen Bereichen im Wandel begriffene Marktsituation erst in den letzten Jahrzehnten entwickelt. »Ab etwa 1957 waren viele traditionelle Märkte gesättigt. Unternehmen sahen sich neuen Konkurrenten gegenüber. Der Käufer äußerte offen seine Wünsche und kaufte nach seinen eigenen Vorstellungen. Das Zeitalter des Käufermarktes begann, denn der Nachfrager war mit einer Grundausstattung versehen und konnte nun selektiert kaufen. Die Nachfrage war und ist beim Käufermarkt *geringer* als das Angebot. Der Verkäufer ist auf größere Marktanstrengungen angewiesen.« (2)

### 1.1.2 Organisation und Zielsetzung

Von den Zielen, die sich ein Unternehmen in seiner Politik setzt, leiten sich *Leistungsanforderungen* ab, darunter auch Verkaufsziele. In der Wirklichkeit wird meistens die Verkaufspolitik von der Marketingpolitik beeinflußt, die sich entsprechend an den generellen Unternehmenszielen orientiert. Als wichtigstes Ziel wird dabei immer die Unternehmenssicherung gelten, das Überleben des Unternehmens, wenn das hier vielleicht auch etwas pathetisch klingen mag. So gesehen erfüllt der Verkauf eine Funktion zur Sicherung des Unternehmens. Sie ist somit mindestens ebenso wichtig wie Verkaufsziele, die sich auf die Gewinnmaximierung richten.

Gerade die letzten Jahre haben aber gezeigt, daß Gewinne zu maximieren für das Unternehmen im allgemeinen von großem

Vorteil ist, daß jedoch die *allein* wirtschaftliche Überlebensfähigkeit heute nicht mehr bestimmend ist. Für ein Unternehmen ist es in den zurückliegenden Jahren zunehmend wichtiger geworden, auch vor der öffentlichen Meinung bestehen zu können.

Die öffentliche Meinung entscheidet im Extremfall sogar, ob und wie stark ein Produkt abgesetzt werden kann, welche Preise verlangt werden dürfen und wo die Produkte gehandelt werden sollen. In diesem Zusammenhang muß zuerst einmal die Absatzbeschränkung durch Gesetz genannt werden (3). Für bestimmte Absatzwege hat der Gesetzgeber Regelungen vorgesehen, wie beispielsweise für den Telefonverkauf an Private, Verkauf an der Haustür oder bestimmte Formen von Abzahlungsgeschäften. Dabei ist offenkundig, daß diese gesetzlichen Einschränkungen aufgrund vorliegender Erfahrungen sowohl hinsichtlich der *Verkaufsmethoden* als auch des *Verhaltens von Verkaufsmitarbeitern* – teilweise in Übereinstimmung einer bestimmten Art von Verkaufspolitik – diese gesetzgeberische Initiative heraufbeschworen haben.

Verkaufen und so ein Unternehmen *vertreten* bedeutet auch, das Unternehmen sichern zu helfen. Danach sollten sich alle Überlegungen zur Verkaufspolitik und Verkaufsstrategie ausrichten, und es wäre zu wünschen, daß sich auch jeder Verkaufsmitarbeiter dessen bei seiner Arbeit bewußt ist.

## 1.2 Organisation innerhalb des Verkaufsbereichs

Die meisten Verkaufsorganisationen sind mit der Entwicklung des Unternehmens, zu dem sie gehören, mitgewachsen. Daß ein bestimmtes Verhältnis von Umsatz zu den Kosten der Verkaufsorganisation besteht, ist gewollt, oft aber auch unbeabsichtigtes Ergebnis des historisch bedingten Wachstums. In die Zukunft fortgeschrieben bedeutet das, daß mit jedem Wachsen des Unternehmens die Verkaufsorganisation und ihre Kosten mitsteigen. Die Frage danach, wie sich das auf den Ertrag auswirkt, wird oft überhaupt nicht und manchmal zu spät gestellt.

**Verkaufsorganisationen sollten mit dem Unternehmen wachsen**

In der Realität gibt es hinreichend Fälle, in denen zusätzlich Verkäufer eingestellt wurden, weil das Unternehmen neue Absatzgebiete für sich erschließen wollte. Wurde dieses Ziel verfehlt – die neuen Verkäufer blieben. Die Gründe dafür können unterschiedlicher Art sein. Die Kosten gehen stets in dem Fix-Kosten-Block der Aufwendungen, die man für unvermeidlich hält, unter. Die Hoffnung, daß mehr Verkäufer auch mehr Umsatz – an Ertrag wird dann oft schon gar nicht mehr gedacht – bringen, dient als Rechtfertigung.

In einem Praxisfall hat Charles H. Seven nachgewiesen, daß bei steigender Zahl der Außendienstmitarbeiter der Umsatz nur degressiv wächst.

| Anzahl von Verkäufern per 100 000 Einwohnern | jährliche Verkäufe (Einheiten per Einwohner) | Steigerung in Einheiten mit jedem zusätzlichen Verkäufer |
|---|---|---|
| 1 | 6,4 | 6,4 |
| 2 | 12,6 | 6,2 |
| 3 | 17,2 | 4,6 |
| 4 | 20,8 | 3,6 |

Den Rahmen bildet das verfügbare Umsatzpotential. Je intensiver es genutzt wird, um so härter wirkt sich der Wettbewerbsdruck aus. Dementsprechend sinken die Erfolgsaussichten. Wie sich die Erträge dann entwickeln, zeigt die folgende Übersicht.

**Verkaufsorganisation**

| Anz. Verkäufer | Verkaufsvolumen | +/- % | Deckungsbeitrag | +/- % | Verkaufskosten | +/- % | Ertrag | +/- % |
|---|---|---|---|---|---|---|---|---|
| 1 | 640 000 |  | 6 400 |  | 4 086 |  | 2 312 |  |
| 2 | 1 260 000 | +97 | 11 970 | +87 | 8 142 | +99 | 3 828 | +65 |
| 3 | 1 720 000 | +37 | 16 340 | +37 | 12 096 | +49 | 4 244 | +12 |
| 4 | 2 080 000 | +21 | 18 720 | +14 | 15 952 | +32 | 2 768 | -35 |

Mit steigendem Absatz werden höhere Investitionen notwendig. Durch die damit verbundenen Kosten steigen die Bruttoerträge langsamer, besonders deshalb, weil zugleich auch die Verkaufskosten steigen. Das verläuft zwar nicht proportional zum Ausbau der Verkaufsmannschaft, weil sich bestimmte fixe Kostenbestandteile nur stufenweise belastend auswirken. Es ist aber davon auszugehen, daß bereits vom jeweils vierten Verkäufer an die Erträge effektiv sinken.

In den verschiedenen Branchen und Märkten gehen solche Entwicklungen oft vor sich, ohne daß die Auswirkungen auf den Ertrag so erkennbar sind, wie in dem genannten Beispiel. In der Minderzahl der Fälle sind mit dem Verkaufsergebnis auch zugleich die *Verkaufskosten* ablesbar. Läßt sich ermitteln, in welchem Grad Umsätze durch Einsatz zusätzlicher Verkäufer steigen, ist eine Break-Even-Analyse möglich.

Diese Betrachtung erweist sich nur bis zu einem gewissen Grade als realistisch. Veränderungen des Marktes durch neue Produkte, leistungsfähigere Systeme, Hinzukommen oder Ausscheiden von Wettbewerbern sind dabei nur einige von vielen möglichen Faktoren. Bestätigt wird durch diese Break-Even-Betrachtung allerdings, daß nur in einem begrenzbaren Rahmen der Ausbau der Verkaufsorganisation durch mehr Mitarbeiter auch höhere Erträge für das Unternehmen nach sich zieht. **Organisationserweiterung bringt nicht immer höhere Erträge**

Die vermutlich optimale Größe einer Verkaufsorganisation ist nur durch dynamische Betrachtungsweise gültig zu halten. Die meisten Märkte sind in ständiger Bewegung, so daß die Frage nach der Kundenstruktur in bestimmten Zeitabschnitten immer wieder gestellt und das vorhergehende Ergebnis überprüft werden muß. Das gilt in unterschiedlicher Bedeutung für die jeweiligen Märkte und Branchen, doch ist in den meisten Fällen mit eher wachsender Tendenz davon auszugehen, daß sich ein erheblicher Teil des Absatzes auf relativ wenige Kunden verteilt. Dazu ein Beispiel aus dem Lebensmittelbereich:

| Kategorie | Geschäftsart | Durchschnittl. Jahresverkauf pro Geschäft DM | Anzahl von Geschäften als % v. Total | Verkäufe je Gruppe als % v. Total |
|---|---|---|---|---|
| A | Supermärkte | über 500 000 | 9 % | 28 % |
| B | SB-Geschäfte | über 300 000 | 10 % | 18 % |
| C | SB-Geschäfte | über 200 000 | 18 % | 20 % |
| D | Bedienungsgeschäfte | über 120 000 | 21 % | 19 % |
| E | Bedienungsgeschäfte | unter 120 000 | 42 % | 15 % |

Es ist mit einigem Aufwand verbunden, Daten dieser Art zu ermitteln. Für den rationellen Einsatz der Verkaufsorganisation hat sich das aber schon oft genug ausgezahlt. Anhand dieser Zahlen kann festgelegt werden, in welchem Rhythmus Kunden besucht werden. A-Kunden beispielsweise zwölfmal im Jahr, D-Kunden möglicherweise überhaupt nicht, sollten die Besuchskosten höher sein als die zu erzielenden Erträge. Die Entscheidung, eine Absatzstelle überhaupt nicht zu besuchen, sollte allerdings in dem Bewußtsein getroffen werden, daß entweder ein möglicherweise zwischengeschalteter Großhandel beliefert oder daß es keine unvertretbaren Marktanteils- und Distributionsverluste mit sich bringt, wenn nach diesem Grundsatz verfahren wird.

Es ist allerdings auch nicht so, daß die systemgerechte Einteilung der Kunden zwangsläufig die optimale Anzahl von Verkäufern erkennen läßt. Der Tendenz nach gilt das zwar, es ist nützlich bei der Planung der Besuche und läßt erkennen, ob Verstärkung oder Verminderung der Verkäuferzahl richtig sein dürfte. *In der Praxis wichen die Ergebnisse aber häufig von den Modellerwartungen ab.* Das kann schon an den Kriterien und ihre Anwendung bei der Kundenauswahl gelegen haben. Das mögen spezifische Unterschiede in den Ansatzmöglichkeiten gewesen sein. Es kann aber auch an den Mitarbeitern mit unterschiedlichen Startbedingungen gelegen haben, deren es viele gibt. Leistungsfähigkeit und -bereitschaft seien nur als sehr allgemeine Oberbegriffe hierzu genannt.

## 1.2.1 Organisation innerhalb verschiedener Verkaufsformen

Es gibt unterschiedliche Möglichkeiten, den Verkauf zu organisieren:
- unternehmenseigene Verkaufsorganisationen,
- unternehmensgebundene Verkaufsorganisationen,
- rechtlich und wirtschaftlich ausgegliederte Verkaufsorganisationen.

Unternehmenseigene Verkaufsorganisationen setzen eigene Verkaufskräfte ein. Das können Reisende oder Verkäufer, aber auch Mitglieder der Geschäftsführung oder die Geschäftsinhaber selbst sein. Es wird den Wünschen der Kunden entsprechend verkauft, ohne daß betriebsfremde Verkäufer mitwirken. Versandhandel ist dafür ein Beispiel. Der Verkauf kann in Läden erfolgen, in Bedienungs- oder Selbstbedienungsform. Zu diesen unternehmenseigenen Verkaufsformen kann auch der Absatz über Automaten gehören. Märkte oder Messen sind weitere Beispiele.

Unternehmensgebundene Verkaufsorganisationen haben Mitarbeiter, die vertragsgemäß verkaufen und durch Vertrag an das Unternehmen gebunden sind, für das sie tätig werden. Ein typisches Beispiel dafür ist die Werksvertretung eines Automobilherstellers.

Rechtlich und wirtschaftlich völlig ausgegliederte Verkaufsorganisationen sind beispielsweise selbständige Unternehmen, Wiederverkäufer, Handelsvertreter, Kommissionäre und Makler.

Direkter oder indirekter Verkauf ist ein anderes, mögliches Gliederungsmerkmal. Angebot und Lieferung sind beim Direktverkauf unmittelbar an den Konsumenten gerichtet. Beim indirekten Verkauf erfolgen Angebot und Lieferung zunächst an Wiederverkäufer. Zwischen Hersteller und Endverbraucher nimmt die Ware ihren Weg über mehrere Handelsstufen. Dieser längere Weg kann dennoch verkaufsfördernd genutzt werden, indem der Hersteller sowohl Händler als auch Endverbraucher umwerben kann.

**Auch längere Handelswege können verkaufsfördernd genutzt werden**

### 1.2.2 Organisation des Innendienstes

Was unter Innendienst im Zusammenhang mit dem Verkauf zu verstehen ist, wird in der Literatur unterschiedlich behandelt. Van der Huck (4) faßt diesen Bereich etwas weiter und nennt dazu Auftragsabwicklung, Produktmarketing, EDV-Abteilung, Service-Abteilung, Reklamationsabteilung, Materialausgabe und Kundenbuchhaltung. Koinecke/Wilkes (5) fassen den Verkaufsinnendienst etwas enger. In der Wirklichkeit ist es außer der Frage der Unternehmensstruktur auch von der Größe abhängig, inwieweit der einzelne Außendienstmitarbeiter selbst direkten Kontakt zum Innendienst hat oder ob diese wichtige Verbindung über seine Vorgesetzten läuft. Unstrittig ist aber, daß die reibungslose Zusammenarbeit zwischen Verkaufsinnendienst und Außendienstorganisation Voraussetzung für den Erfolg ist.

Aufgabe des Innendienstes ist es im wesentlichen, die Außenorganisation bei der Erreichung der gesetzten Ziele zu unterstützen. Dazu gehört es, an der Verkaufsplanung mitzuwirken ebenso wie bei der Erfassung und Klassifizierung des Kundenkreises.

**Der Innendienst sollte aktiv mitwirken**

Der Verkaufsinnendienst beobachtet und analysiert die Leistung des Außendienstes insgesamt und, bezogen auf einzelne Artikel, Handelspartner oder Kunden. Er entwickelt Vorschläge, um den Absatzmarkt rationell zu beobachten. Er sorgt für zügige und verkaufsfördernde Abwicklung von Reklamationen. Er sucht nach Wegen, die Quote der Retouren zu senken. Er empfiehlt gesamt- oder produktgruppenbezogene Mindestabnahmemengen, um die Außendienstarbeit rentabel zu gestalten. Er wertet Berichte aus, analysiert und schlägt Maßnahmen vor, die *Markterfolg* versprechen. Er kümmert sich um die für die Zusammenarbeit sinnvolle Form der Kommunikation und erstellt fallweise Berichte, wenn es dafür hinlänglich Anlässe gibt.

Der Verkaufsinnendienst ist für die Außendienstmannschaft immer eine unerläßliche Stütze bei Aktionen zur *Einführung neuer Produkte* sowie bei Vorhaben, die Maßnahmen vertiefen oder stützen sollen. Geht es darum, Handel oder Verbraucher über Produkte oder Maßnahmen aufzuklären und Goodwill zu schaffen, entscheiden Vorarbeit und laufende Kommunikation oft über den Erfolg des Vorhabens.

### 1.2.3 Organisation des Außendienstes

Die Wahl der geeigneten Organisationsform hängt im wesentlichen vom Produkt ab, das vertrieben werden soll. Hier ist es weniger der Produkttyp und seine Qualität als vielmehr die vom Verbraucher genutzten Produkteigenschaften. Nach McMurry/Cutler lassen sich die Verkaufspositionen folgendermaßen klassifizieren:
1) Positionen, die mit *Lieferaufgaben* verbunden sind, z. B. Heizöllieferanten. Unter den gegebenen Bedingungen spielt die Verkaufsverantwortung zwar eine untergeordnete Rolle, doch sind Höflichkeit und Hilfsbereitschaft gute Voraussetzungen, um den Kunden bei der Stange zu halten.
2) Positionen, bei denen sich das Geschäft gewissermaßen *innerbetrieblich* abwickelt. Der Verkäufer hinter der Ladentheke ist ein Beispiel. Der grundsätzliche Verkaufsentschluß der Kunden steht im allgemeinen fest. Der Verkäufer erfüllt – zumindesten am Beginn der Kaufhandlung – lediglich Kaufwünsche des Kunden. Zwar hat er in diesem Zusammenhang auch die Gelegenheit, den Kunden zu weiteren oder teureren Einkäufen zu bewegen, doch sind diese Möglichkeiten im allgemeinen recht begrenzt.
3) Positionen, die nicht unmittelbar mit dem *Auftrag* verbunden sind. Er hat vielmehr die Aufgabe, gegenwärtige oder künftige Kunden und Benutzer zu informieren oder einen Goodwill herzustellen. Beispielsweise Ärztebesucher, die für Arzneimittelhersteller arbeiten, verkaufen nicht an Ärzte, sondern informieren.
4) Positionen, die vorrangig *Kenntnisse technischer Art* erfordern. Bei Verkaufsingenieuren oder technischen Verkäufern steht die Beratung der Kunden im Vordergrund.
5) Positionen, die beim Verkauf eines konkreten Objektes – etwa eines Nachschlagewerks, eines Geschirrspülers oder Staubsaugers – nahezu *kreative Fähigkeiten* verlangen.

Der Verkäufer muß zunächst den Kunden davon überzeugen, daß er das von ihm angebotene Produkt überhaupt anschaffen möchte. In der zweiten Stufe muß er erreichen, daß der Interessent gerade das von ihm Angebotene kauft.
6) Positionen, in denen *Dienstleistungen* verkauft werden, die erst noch zu erbringen sind, beispielsweise Versicherungen, Werbeagenturdienste oder Weiterbildungsveranstaltungen. Gegenüber dem Verkauf konkreter Produkte, die sich demonstrieren lassen, hat der Verkäufer hier die kreative Aufgabe, seinen Gesprächspartner bei der Vorstellung der Nützlichkeit einer Leistung zu helfen.

Bei allem stellt sich die Grundsatzfrage, ob eine Verkaufsform effizienter ist, die festangestellte eigene Mitarbeiter beschäftigt oder Verträge mit freien Handelsvertretern sinnvoller sind.

### 1.2.4 Klare Bestimmung der Wirkungsbereiche

Für eine erfolgreich verlaufende Geschäftsbeziehung wichtige Betreuung gibt es in der Praxis die beiden Gruppen der branchen- oder kundenspezifischen Segmentierung und der, die nach regionalen Gesichtspunkten ausgerichtet ist. Wird eine Spezialisierung des Außendienstes angestrebt, so bietet sich an, den Kundenkreis nach Branche, Funktion oder Organisationsform zu gliedern. Das erleichtert es, auf spezielle *Probleme und Erwartungen* der jeweiligen Zielgruppen einzugehen und zugleich die Voraussetzungen dafür zu schaffen, daß Aktionen, die mit Zentralen vereinbart worden sind, auf allen Ebenen reibungslos realisiert werden. Kundenspezifische Segmentierung hat sich besonders in Branchen bewährt, in denen sich hohe Umsätze auf wenige marktstarke Systeme, z. B. im Lebensmittelhandel, konzentrieren. Die Hersteller haben eine dieser Situation entsprechende Betreuungsform mit dem »Key-Account-Manager« eingerichtet.

In den meisten Fällen bearbeiten Anbieter mit ihrer Verkaufsorganisation den Markt nach regionalen Gesichtspunkten. Dementsprechend ist für den einzelnen Außendienstmitarbeiter ein Teil der Region verantwortliches Tätigkeitsfeld. Oft

# Verkaufsorganisation

wird dadurch auch sein Wohnsitz, der günstige Ausgangspunkt für die Arbeit sein soll, mitbestimmt. Mit seiner genauen Kenntnis des Gebiets und der gegenwärtigen, möglicherweise künftigen Kunden, hat er gute Voraussetzungen, die angestrebten Umsatzziele aus dem gegebenen Marktpotential zu erreichen.

Die Zahl möglicher Verkaufsbezirke, die von den besonderen Gegebenheiten einer Branche oder eines Unternehmens mitbeeinflußt werden, muß sich vor allen Dingen an der Frage orientieren, wie groß der Gesamtmarkt ist, in dem das Unternehmen verkaufen will. Wie hoch ist der angestrebte Marktanteil? Von welchem Vertriebskostenanteil muß ausgegangen werden? Wieviele potentielle Abnehmer enthält das Gebiet und wieviele sollen regelmäßig besucht werden? Wieviel Zeit wird der einzelne Kundenbesuch in Anspruch nehmen? **Die Zahl der Verkaufsgebiete orientiert sich am Marktvolumen**

Das Absatzvolumen einer im Markt bereits eingeführten Produktkategorie ist oft über amtlich erstellte Statistiken zu ermitteln. Ein anderer Weg sind von Spezialinstituten angebotene Marktforschungsergebnisse, oft auf der Basis von Handels- oder Verbraucherpanels ermittelt. In ein abschließendes Bild muß natürlich auch die Marktstellung des eigenen Unternehmens eingebracht und überlegt werden, mit welchen Maßnahmen die angestrebte Erhöhung von Marktanteil oder Umsatz zu verwirklichen ist. Selbstverständlich ist dabei besonders auf die bestehende Wettbewerbssituation zu achten. Eine andere Begrenzung ergibt sich durch die eigenen verfügbaren finanziellen Mittel. **Die Marktstellung des eigenen Unternehmens sollte möglichst objektiv beurteilt werden**

## 1.2.5 Zahl der Kunden und Betreuungsaufwand

Wenn die zweckmäßige Größe einer Verkaufsorganisation festzulegen ist, darf keinesfalls unterschätzt werden, welcher Betreuungsaufwand dabei erforderlich wird. Er ergibt sich aus der Zahl der Kunden, dem Besuchsrhythmus und der durchschnittlichen Dauer eines Besuches. Bei allem ist dann die jährliche Arbeitszeit zu berücksichtigen.

Es werden sich unterschiedliche Ergebnisse zeigen, die sich aus der Konzeption ergeben, die für Unternehmen der gleichen Branche und von ähnlicher Größe gelten. So wird ein Genußmittelhersteller, der sein Produkt über hunderttausend mögliche Absatzstellen auf der Einzelhandelsebene vertreibt, gut beraten sein, wenn er die Großverteilerfunktion dem Großhandel und Großvertriebsformen überläßt. Wenn er ausschließlich diese unmittelbar beliefert und betreut, dann geht es für ihn noch um etwa 2 500 Handelspartner. Aber auch hier wird es sehr genau darauf ankommen, Kriterien zu finden, die bestimmend dafür sind, wie intensiv diese direktbelieferten Kunden betreut werden sollen.

Die jeweiligen Vertriebssysteme müssen im Vergleich von Vorzügen und Nachteilen genau gegeneinander verglichen werden. Es wäre falsch, dabei ausschließlich Zahlen aufzurechnen. Es muß beispielsweise auch bedacht werden, wieweit Artikel erklärungsbedürftig sind.

Wenn sich ein Unternehmen für ein bestimmtes Vertriebssystem entschieden hat, wird es – sofern nicht schon vorhanden – sich ein genaues Bild ihres Marktes machen. Es wird seine Abnehmer hinsichtlich Größe, Sortiment, Zugehörigkeit zu Kettensystemen zu erfassen suchen und auf dieser Basis Besuchsrhythmus und -intensität festlegen. Nach angemessener, nicht zu langer Laufzeit sollte dann geprüft werden, ob das aufgrund der ersten Analyse festgelegte Verfahren in dieser Form beibehalten werden soll.

### 1.2.6 Verkaufsbezirke und Markterfordernisse

**Veränderungen berücksichtigen**

Die jeweiligen Bezirke sollten den Außendienstmitarbeitern gleiche Verdienstmöglichkeiten bieten. Dabei sollten auch erkennbare Veränderungen beim Kundenpotential bedacht werden. Jeder Bezirk sollte auch vom Zeitbedarf her vergleichbar sein. Die dazu brauchbare Kennziffer ergibt sich aus der Kundenzahl der jeweiligen Besuchshäufigkeit und gegebenenfalls der Besuchsdauer. In geographisch *weiträumigen* Gebieten könnte noch der *Zeitbedarf* für die zurückzulegenden Strecken dazukommen. Im übrigen kann sich die umsichtige Festlegung der Bezirksgrenzen kostenmindernd auswirken, wenn sie lange Anfahrtwege vermeiden hilft.

# Verkaufsorganisation

Die Bezirksgrenzen eindeutig festzulegen, hilft Meinungsverschiedenheiten zu unterbinden. Doch nicht jede Abgrenzung eignet sich zur Übernahme. Verwaltungsgrenzen, wie sie Stadt und Landkreise haben, lassen auch statistische Aussagen über vorhandene Potentiale erwarten. Postleitzahlgebiete hingegen, die in der Praxis des öfteren benutzt werden, sind dafür ungleich weniger ergiebig.

Im Lebensmittelhandel haben sich die Hersteller und vielfach auch der Handel mit der Struktur ihrer Verkaufsbezirke an die Regionen angeglichen, die von den Marktforschungsinstituten Nielsen und der GFK-Handelsforschung benutzt werden. Wer mit diesen Instituten zusammenarbeitet, kann die ermittelten Daten über Absatz, Distribution und Marktanteil sehr genau auf Bezirke oder Gebiete beziehen. Das wird manchmal allerdings dadurch erkauft, daß die Außendienstmitarbeiter weitere Strecken zurückzulegen haben.

## 2 Organisationsmittel

Organisieren, das heißt nicht nur: Ideen haben, Konzepte ersinnen, Abläufe bestimmen. Organisieren, das heißt auch: Realisieren. Dazu reicht Gedankenarbeit nicht aus. Auch die besten Gedanken müssen umgesetzt, verbreitet und wirksam werden. Das erfordert nicht nur persönlichen Einsatz, sondern auch den Einsatz von Sachmitteln, und im Verkauf ist das nicht anders als in anderen Wirtschaftsbereichen.

Natürlich ist man heute schnell bereit, nach dem Modernsten zu greifen und vergißt manchmal, daß es auch ganz einfach ginge. Darum wollen wir vor allem an die einfachen Dinge erinnern, die leicht zu handhaben und kostengünstig sind.

### 2.1 Organisationsmittel können verkaufen helfen

Es lohnt, Organisationsunterlagen zu nutzen. Es macht sich bezahlt, sie auch positiv zu sehen, denn sie helfen Zeit zu sparen und Kosten zu senken. Natürlich ist nicht jede administrative Arbeit produktiv, beispielsweise wenn die Begeisterung für das Organisieren der Auslöser war. Vertreter und Verkäufer werden sich dann darum bemühen müssen, alles auf das jeweils Erforderliche zurückzuführen. Vorschläge, die von Verkaufsmitarbeitern kommen, haben sich schon oft bei der Gestaltung von Organisationsunterlagen positiv ausgewirkt. Das setzt aber voraus, daß die Mitarbeiter im Verkauf über die Unterlagen nachdenken, die sie bei ihrer täglichen Arbeit brauchen.

Karteien und Ablagen, ohne die kaum ein Verkäufer auskommen wird, sollten die folgenden Anforderungen erfüllen:
a) gesuchte Inhalte schnell, sicher und verwertbar auffinden können;
b) Inhalt zu einem beliebigen Zeitpunkt bei Bedarf sinngemäß nutzen können;
c) Zugänge müssen der gewählten Ordnung entsprechend an jeder Stelle eingefügt werden können;
d) »Reihen« muß möglich sein. Das ist das Aneinanderfügen

# Organisationsmittel

von Zahlen und Worten in loser, unveränderlicher Folge. Bekannteste Beispiele sind das Alphabet und die Zahlen in auf- oder absteigender Folge;
e) es muß nach verschiedenen Merkmalen ausgewählt werden können;
f) bei Aufbau und laufender Aktualisierung müssen Kosten und Nutzen in einem vernünftigen Verhältnis stehen.

Ein Kartei- und Ablagesystem wird den Erwartungen an die Funktionsfähigkeit nur entsprechen, wenn folgende Grundvoraussetzungen erfüllt sind:
– die Inhalte sind vollständig und aktuell
– das Wesentliche der Informationen ist klar dargestellt und erlaubt, Vorgänge zu beurteilen.

Aus der Vielzahl bewährter Karteisysteme, die sich im Verkauf bewährt haben: **Karteisysteme**

### Steil-/Blockkartei

Sie ist die einfachste, älteste und auch heute wohl noch am häufigsten verbreitete Form der Kartei. Die Karteikarten sind in einem dafür geeigneten Kasten steil, blockartig aufgestellt. Mit Leitkarten können einzelne Gruppen und Untergruppen gebildet werden. Aufbauelemente können Grund-, Leit- und die eigentlichen Karteikarten sein. Die Leitkarten sind Wegweiser bei den Grundkarten und haben Vorsprünge, die angeschnitten, angestanzt oder angesteckt sind.

### Flach-/Sichtkartei

Hier werden die Karteikarten wie Schuppen oder Dachziegel aufeinandergelegt. So wird der mit dem Kartennamen beschriftete Rand (der »Sichtrand«) in Umfang und Höhe lesbar. Kartenränder können als Signale »Reiter« tragen. Die so entstehende Überschaubarkeit erlaubt dem Benutzer, Gesuchtes schnell aufzufinden. Ein wesentlicher Vorteil der Flachkartei ist die Möglichkeit, Adressen abzuschreiben. Bei der Steilkartei dagegen müssen die betreffenden Karten erst entnommen werden, um ein zur Abschrift fertiges Register zu erhalten.

### Steilsichtkartei

Sie entspricht im Prinzip der Steilkartei, bietet aber auch die Vorteile der Sichtkartei. Die Namen der einzelnen Karte innerhalb jeder Gruppe sind auf der Leitkarte ablesbar.

### Breitstaffelkartei

Die Kartennamen sind durch eine seitliche Staffelung der Karten ablesbar, indem Sichtränder von links nach rechts bzw. umgekehrt gestaffelt werden. Zu jeder Staffel gibt es eine Leitkarte. Die Karten sind an der linken und/oder rechten oberen Ecke abgeschrägt und am unteren Rand »gezahnt«. Hauptvorteil ist die große Übersichtlichkeit einer solchen Kartei.

### Hängekartei

Sie besteht aus hintereinandergereihten Karteikarten, die durch seitlich überstehende Trägerschienen auf den Hängezügen von Karteikästen in Schreibtischen oder Schränken benutzt werden. Sie wird wegen der übersichtlichen Ablage und dem schnellen Zugriff zu Einzelakten aller Art eingesetzt.

So wie bei der Karteitechnik bietet auch die Ablage unterschiedliche Organisationshilfen:

### Ordner

Er ist zur gehefteten Ablage von Schriftgut außerordentlich geeignet. Dazu trägt die Hebelmechanik wesentlich bei. Innerhalb der Registratur bieten Ordner gute Übersicht durch zu beschriftende Rücken. Größe, Farbe und Aufbau bieten viele Variationsmöglichkeiten.

### Ringbuch

Es wird hauptsächlich benutzt, um Prospekte, Zeichnungen, Muster, häufig gebrauchte Unterlagen wie Kataloge, Preislisten, Tabellen usw., aufzubewahren.

# Organisationsmittel

**Schnellhefter**

Meist werden sie für bestimmte Einzelvorgänge benutzt. Von einer gewissen Größenordnung an sollten sie als Hänge- oder Pendelregistraturen genutzt werden. Bei der Hängeregistratur hängt das Schriftgut vertikal auf Schienen im Hängerahmen. Bei der Pendelregistratur wird das Schriftgut nebeneinander mit Hilfe einer in der Mitte des Ordners angebrachten Halterung aufbewahrt.

Kartei- und Ablagetechniken, die auch im Verkauf zunehmend stärker eingesetzt werden, sind:

**Mikrofilm**

Dazu wird das Schriftgut abgelichtet und stark verkleinert. Bei einem Raumgewinn bis zu 95 % gibt es folgende Aufbewahrungsmöglichkeiten:
- als Rollenfilm. Geeignet als Altablage, die seltener gebraucht wird.
- als Jackets. Eine in Streifen unterteilte Folientasche, die mehrere zu einem Vorgang gehörende Bilder aufnehmen kann.
- als Mikrofiche.
  a) Kopie eines Jackets (s. o.)
  b) Planfilm, meist DIN-A6-Aufnahme
- als Filmlochkarte, bei der Lochkarte und Mikrofilm kombiniert werden. Sie wird hauptsächlich bei Zeichnungen eingesetzt.

Voraussetzung für den Einsatz von Mikrofilm ist die Verfügbarkeit geeigneten Lesegeräts.

**EDV-Listen in der Ablage**

Speziell für EDV-Listen gibt es Mappen, Taschen, Hefter, Ordner und Ringbücher. Mit ihnen lassen sich Endloslisten problemlos ablegen.

**Elektronische Daten- und Textverarbeitung (EDTV)**

Sie erlaubt die längerfristige maschinelle Speicherung von Daten. Ein großer Vorteil dabei ist die Vielfachverwendung von Daten. Artikelnummern und Mengen beispielsweise können sowohl für Rechnungen als auch für Kundenkartei und Absatzstatistik benutzt werden.

## 2.2 Berichtswesen

Berichte des Außendienstes sollen markt-, kunden- und außendienstbezogene Informationen übermitteln, um entsprechende Ansatzpunkte für geeignete Maßnahmen im Vertriebsbereich zu erhalten. Die solchermaßen weitergeleiteten Informationen geben den Führungskräften und dem Innendienst des Verkaufs wesentliche Informationen, die, entsprechend ausgewertet, Vertriebsaktivitäten steuern und koordinieren helfen. Dem Grundsatz, das Unternehmen vom Markt her zu führen, kann man nur gerecht werden, wenn der Außendienst die notwendigen Informationen über Markt und Maßnahmen der Wettbewerber rechtzeitig und verläßlich liefert. Aktualität und Eindeutigkeit übermittelter Informationen sind daher von entscheidender Bedeutung, um vertriebspolitische Maßnahmen im Markt erfolgreich einzusetzen.

**Man muß um ein gutes Berichtswesen werben**

Es ist eine alte Erfahrung, daß Außendienstmitarbeiter ungern Berichte schreiben. Die Gründe dafür sind sowohl psychologischer wie sachlicher Art. Zum einen befürchten die Betroffenen, zu *viele* Informationen würden dazu führen, ihre Freiheiten einzuschränken. Sachlich begründet sind jedoch meist die Widerstände, die Zweckmäßigkeit von Formularen, unumgänglichen Arbeitsaufwand und die richtige Umsetzung der gelieferten Informationen in Frage zu stellen. Hinzu kommt die Befürchtung, es könne zu *übermäßiger* Kontrolle Anlaß gesehen werden. Da zweifellos sinnvoll aufbereitete und bewertete Informationen hohen Nutzen bringen können, sollte jedem verdeutlicht werden, welche Vorteile mit dem Berichtswesen verbunden sind und welchen persönlichen Nutzen der Außendienstmitarbeiter aus diesen Informationen ziehen kann.

Vorab ist grundsätzlich zu entscheiden, welche Form, welcher zeitliche Abstand und welches Ausmaß die Informationen des Außendienstes an das Unternehmen haben sollen.

## Tagesberichte

Hierbei geht es um den Tageserfolg des Außendienstmitarbeiters, weniger um spezielle kundenspezifische Gegebenheiten. Aus dem Tagesbericht sollte folgendes hervorgehen:
- Wer wurde besucht
- Ziel des Besuches
- Besuchsergebnis, gegebenenfalls Auftragszahlen und -inhalte
- Besuchszahlen pro Tag
- Gefahrene Kilometer
- Aktionserfolge bei Schwerpunktbesuchen
- Angefallene Reisekosten pro Tag
- Hinweise auf Wettbewerbsaktivitäten.

Wenn Sollvorgaben hinsichtlich der Besuchszahlen, der Zahl der Aufträge, der Plazierungen, der Umsatzgrößen bzw. Absatzmenge möglich und sinnvoll sind, können die Abweichungen dem Soll-Ist-Vergleich als kumuliertes Ergebnis im Tagesbericht gegenübergestellt werden.

Ein wesentliches Moment ist, den Außendienstmitarbeiter durch eine entsprechend vorgegebene Aufbereitung des Berichtes dazu zu veranlassen, sich mit der Zielerreichung bei jedem Kundengespräch auseinanderzusetzen. Dadurch wird erreicht, daß die Besuche nicht nur Kontaktpflege sind, sondern geplante Ziele und reale Ergebnisse vorliegen.

**Berichte dienen auch der Zielorientierung**

## Wochenberichte

Bei der Außendiensttätigkeit fallen häufig nur wenig aktuelle Informationen an. Deshalb wird auch die Form des Wochenberichtes zur Informationserweiterung gewählt. Nicht zuletzt ist der administrative Aufwand dabei für alle Beteiligten wesentlich geringer. Allerdings sollte der Wochenbericht bei Bedarf durch kundenspezifische Sonderberichte ergänzt werden, besonders, wenn branchenbedingt pro Tag nicht mehr als drei oder vier Kunden besucht werden. Ebenso wie der Tagesbericht muß der Wochenbericht Informationen enthalten, die zur Steuerung des Außendienstes notwendig sind und schnelles Reagieren auf Maßnahmen des Wettbewerbs ermöglichen. Hier ein Beispiel für ein Wochenberichtsformular:

| **Vorplanung/Wochenbericht** | Berichts-Nr.: | Wochen-Nr.: | von | bis |
|---|---|---|---|---|
| | Abteilung: | VB-Nr.: | Datum | |

| | Kunde/Ort | Ziel | Ergebnis | Aufträge | 1. Menge | Art.-Nr. | 2. Menge | Art.-Nr. | 3. Menge | Art.-Nr. | 4. Menge | Art.-Nr. | Termine |
|---|---|---|---|---|---|---|---|---|---|---|---|---|---|
| Montag | | | | | | | | | | | | | |
| Mittwoch | | | | | | | | | | | | | |
| Freitag | | | | | | | | | | | | | |

| | Kunde/Ort | Ziel | Ergebnis | Aufträge | 1. Menge | Art.-Nr. | 2. Menge | Art.-Nr. | 3. Menge | Art.-Nr. | 4. Menge | Art.-Nr. | Termine |
|---|---|---|---|---|---|---|---|---|---|---|---|---|---|
| Dienstag | | | | | | | | | | | | | |
| Donnerstag | | | | | | | | | | | | | |

**Gesamtergebnis**

| Tag | km | Aufträge | Menge | geplant | Besuche tatsächlich A | B | C | Ges. |
|---|---|---|---|---|---|---|---|---|
| Montag | | | | | | | | |
| Dienstag | | | | | | | | |
| Mittwoch | | | | | | | | |
| Donnerstag | | | | | | | | |
| Freitag | | | | | | | | |
| Samstag | | | | | | | | |
| Sonntag | | | | | | | | |
| Gesamt: | | | | | | | | |

| | | |
|---|---|---|
| 1. Aktionsangebot | 1.1 verkauft | 1.2 nicht verkauft |
| 2. Neuprodukt | 2.1 verkauft | 2.2 nicht verkauft |
| 3. Neukunde | 3.1 kauft | 3.2 kauft nicht |
| 4. Displaymaterial | 4.1 angebracht | 4.2 nicht angebracht |
| 5. Zweitplazierung | 5.1 erreicht | 5.2 nicht erreicht |
| 6. Sortimentsverkauf | 6.1 verkauft | 6.2 nicht verkauft |
| 7. Kontaktbesuch | | |

91–99.) Erklärung im Tätigkeitsbericht

*Abb. 1 Vorplanung/Wochenbericht*

## Monatsberichte

Diese Form der Berichterstattung als Informationsweg zwischen *Außendienstmitarbeiter und Vertriebsleitung* kann der Anforderung an Aktualität kaum noch gerecht werden. Wegen des verhältnismäßig langen Zeitraums müßte außerdem eine Fülle von Daten zusammengetragen werden, die es schwermacht, noch zu Einzelbewertungen pro Kundenbesuch zu kommen. Allenfalls ist der Monatsrhythmus für zusammenfassende Berichterstattung brauchbar. Ökonomischer wäre es aber, wenn der Verkaufsinnendienst, aufgrund von beispielsweise Tagesberichten, solche Monatsergebnisse erstellt. Für die Auswertung der Außendienstberichte hat sich die Zuordnung nach folgenden Kriterien bewährt: **Berichte können auch in Arbeitsteilung erstellt werden**
- produktbezogene Informationen
- kundenbezogene Informationen
- außendienstbezogene Informationen
- wettbewerbsbezogene Informationen
- spezielle Marktinformationen.

Alle Auswertungen und Kontrollen sollen
1. Anhaltspunkte geben, ob das eigene Vorgehen im Markt in dieser Form richtig ist,
2. Stärken und Schwächen der eigenen Vertriebspolitik deutlich machen, damit eventuell notwendige Korrekturmaßnahmen rechtzeitig ergriffen werden.

In welcher Form Sie als Resultat Ihrer Arbeit Rechenschaft ablegen, Tages-, Wochen- und Monatsberichte sind wichtige Bausteine der Marketingkommunikation. Sich dessen bewußt zu sein und danach zu handeln ist zugleich ein Beitrag, um die Zusammenarbeit zu verbessern.

## Besuchsnotizen und Besuchsberichte

Grundsätzlich sollten nur Fakten und keine Vermutungen in Besuchsnotizen und -berichten festgehalten werden. Je genauer die Kundenkenntnis, desto präziser werden auch die Notizen und Berichte sein. In einer Kartei wird es ohnehin eine Vielzahl von Informationen geben, beispielsweise:
- Geschäftsytyp
- direkt kaufender Kunde

- indirekt kaufender Kunde bzw. Filialgeschäft. Bei nicht direkt kaufenden Kunden, Name des Lieferanten und dessen Geschäftstyp, z. B. Fachgroßhandel, Lebensmittelgroßhandel, Organisationszugehörigkeit, Zentralen u. ä.
- Inhaber, Einkäufer, Verkäufer und andere Kontaktpersonen, z. B. Lagerverwalter oder Reisende
- Geschäftsgröße, Gesamtumsatz, Artikelumsatz (jährlich, monatlich)
- Besuchs- und Liefertage
- Öffnungs- und Besuchszeiten
- Zahlungsweise
- Werbe- und Aktionsmöglichkeiten.

Es muß geklärt sein, ob Besuchsnotizen in gewisser Weise Besuchsberichte, Tages- oder Wochenberichte ersetzen sollen. Trifft das zu, muß das Formular für Besuchsnotizen entsprechend gestaltet sein. Die Informationsmerkmale sollten auf dem Formular von vornherein festliegen. Hierzu ein Beispiel:

# Organisationsmittel

| Besuchsbericht | | | | | | |
|---|---|---|---|---|---|---|
| Verkäufer | | Kostenstelle | | Besuchsdatum | | |
| Firma | | Großh. | Einzh. | Kaufh. | Sonst. | |
| Ort | | Gesprächspartner | | | | |
| Straße | | | | | | |

**Grund des Besuches**

| | | | |
|---|---|---|---|
| Verkaufsförderungs-Veranstaltung | | Kontaktbesuch | |
| Reklamationsabwicklung | | Verkaufsaktion | |
| Neuwerbung | | Auftragseinholung | |
| Sonderangebot | | Übergabe von Werbematerial | |
| Sonstiges | | | |

**Ergebnis des Besuches**

| | |
|---|---|
| Auftrag erhalten ja/nein | |
| Kein Auftrag (Begründung) | |
| Kunde kauft bei Konkurrenz (Begründung) | |
| schnellere Liefermöglichkeit | höherer Lagerumschlag |
| bessere Qualität | bessere Werbung und Verkaufsförder. |
| günstigerer Preis | bessere Zahlungsbedingungen |
| Sonstiges | |
| Eventuelle Reklamation zur Kenntnis genommen? | |

**Berichtskopie zur Information an**

| Innendienst | Kundendienst | Verkaufsförderung |
|---|---|---|

| Bemerkungen | | | |
|---|---|---|---|
| | | | |
| | | | |
| Berichtskopie zur Kenntnisnahme/ Bearbeitung | erledigt | auf Termin | Rücksprache |
| an Abteilung am | Datum | Datum | Datum |

*Abb. 2: Besuchsbericht*

Sollte es nicht erforderlich sein, Besuchsberichte in der Ausführlichkeit abzufordern, wäre als Kurzform auch folgendes, in der Praxis bewährte Modell anwendbar:

| **Besuchs-Kurzbericht** | Datum: | |
|---|---|---|
| von | | |
| Firmenanschrift | | |
| Gesprächspartner | Gesprächspartner ||
| Themen: |||
| Gesprächsinhalt: |||
| Persönliche Notizen: |||

*Abb. 3   Besuchs-Kurzbericht*

Besuchsnotizen in Kurzform sollten allerdings nur dann eingesetzt werden, wenn ein hinreichend umfangreiches Berichtswesen ohnehin vorhanden ist.

Grundsätzlich genügt es, die wichtigsten Punkte eines Gesprächs handschriftlich im Telegrammstil festzuhalten. Es gibt Branchen, in denen Kopien solcher Besuchsnotizen oder Kurzberichte dem Kunden überlassen werden, damit beide Gesprächspartner den Inhalt ihrer Besprechung schriftlich verfügbar haben. Das erspart eine möglicherweise sonst erforderliche, nachträgliche Besuchsbestätigung. Das ergibt nicht nur einen Rationalisierungseffekt, sondern auch eine gute Gesprächsunterlage für den nächsten Termin.

Soll die Besuchsnotiz lediglich dazu dienen, Informationen festzuhalten, genügen Stichworte zu den wesentlichen Teilen des Gesprächs. Daraus hervorgehen sollten Angaben über Gesprächspartner, Zahlungs- und Lieferbedingungen, Wettbewerbssituation, Besuchsgründe und -ergebnisse sowie daraus abzuleitende Maßnahmen. Aus den Angaben sollen sich kundenspezifische Ansatzpunkte ermitteln lassen. Zugleich sind sie Planungsgrundlage für künftige Besuche.

Dem Verkaufsleiter kann ein Analyseformular Einblick in die Inhalte geführter Verkaufsgespräche vermitteln. Sie lassen Schwachpunkte erkennen und helfen, notwendige Trainingsmaßnahmen vorzusehen. **Berichte dienen auch der Diagnostik**

Das Besuchsanalyseformular ist zweckmäßigerweise in Aufteilung, Zielsetzung und Ergebnissen identisch mit dem Kundenbesuchsbericht. Zu den folgenden Punkten sollte der Außendienstmitarbeiter Stellung nehmen:
– Kundenwünsche
– Kundenprobleme
– vom Kunden akzeptierte Vorteile des Angebots
– Einwände des Kunden
– Vorgehen beim nächsten Kundenbesuch.

Die Antworten auf diese zusätzlichen Fragen veranlassen den Verkäufer, sich intensiv mit dem Verkaufsgespräch auseinanderzusetzen. Eventuelle Schwachpunkte werden für ihn so schnell erkennbar und erlauben, das beim nächsten Besuch zu berücksichtigen.

Eine in der Praxis ausgezeichnet bewährte Form der Besuchsanalyse ist die »Bordsteinkonferenz«. Nach dem gemeinsamen Kundenbesuch, bei dem der Verkaufsleiter sich zurückgehalten und das Gespräch verfolgt hat, sollte unter dem unmittelbaren Eindruck eine Bilanz der positiven und verbesserungsbedürftigen Einzelheiten des Gesprächs gezogen werden. Davon sollten beide profitieren. Vorrangiges Ziel ist es für den Verkaufsmitarbeiter, Urteile und Meinungen des sachkundigen Beobachters bei der späteren Arbeit zu nützen. Dazu gehören auch freimütige Fragen an den Vorgesetzten. Den Verkaufsleiter reden zu lassen, um sich selbst keine Blöße zu geben, wäre falsch. Beide haben schließlich das gemeinsame Erfolgsziel im Auge und sollten daher bemüht sein, weiterführende Fragen zu klären.

Es gibt außerdem die Möglichkeit, daß der Außendienstmitarbeiter versucht, sein Besuchsergebnis selbstkritisch zu werten. Dazu bedarf es jedoch eines Bewertungsziels für den Soll-Ist-Vergleich, aber auch rationelles Festhalten der Fakten.

Je präziser und objektiver Sie Ihre Eindrücke aus dem Gespräch notieren, um so verläßlicher wird Ihre Vorbereitung beim nächsten Besuch sein können. Mit solcher Konzentration auf Eigenheiten Ihres Kunden werden Sie im Laufe der Zeit immer besser zurechtkommen. Und nach aller Erfahrung wird sich das auch positiv auf die Verkaufsergebnisse auswirken.

## 2.3 Planung und Koordination

**Terminplanung ökonomisiert den Arbeitsaufwand**

Unter den Voraussetzungen, die erfüllt sein müssen, um ein Ziel *zuverlässig* zu erreichen, hat die *Terminplanung* hohen Rang. Nur mit ihrer Technik ist es möglich, die einzelnen Aufgaben so zu legen, daß sie zur rechten Zeit mit angemessenem Zeitaufwand in der bestmöglichen Reihenfolge getan werden. Zu den Aufgaben und Zeiträumen, die Außendienstmitarbeiter zu berücksichtigen haben, gehören u.a. Kundenbesuche, Gesprächsvorbereitung, Zielsetzung von Verkaufsgesprächen, Reise- und Wartezeiten, aber auch andere kundenbezogene und betriebliche Tätigkeiten, wie beispielsweise Weiterbildung, Kundendienst, Warenpositionierung usw.

Hinreichend langfristig angelegte Planung ergibt den Überblick, um anstehende Aufgaben rechtzeitig anzugehen.

In engem Zusammenhang mit der Terminplanung steht die Zielsetzung. Ausgehend von einer übergeordneten Zielsetzung des Unternehmens, leiten sich für den Verkauf Ziele ab, die qualitativ und quantitativ so aussehen können:
– Sortimentsziele
– Diversifikationsziele
– Marktanteilsziele nach Marktsegmenten
– Produktentwicklungsziele

# Organisationsmittel

– Investitions- und Kostenziele
– Kapazitätsziele
– Imageziele.

Bezogen auf Artikel, Verkaufsgebiete und Vertriebswege können sich die folgenden Ziele ergeben:

**Quantitative Verkaufsziele**

– Marktanteilsziele
– Absatzziele
– Umsatzziele
– Deckungsbeitragsziele
– Distributionsziele.

**Qualitative Verkaufsziele**

– Positionierungsziele
– bestimmte Auseinandersetzung mit Wettbewerbern
– Durchführung von Verkaufsförderungsmaßnahmen.

Verkaufsziele beeinflussen die Terminplanung entscheidend. Der zielorientierten Terminplanung im Verkauf sollte eine Analyse des Kundenpotentials vorausgehen. Dabei sollte die Bedeutung der einzelnen Kunden bezogen auf das zu erreichende Unternehmensziel überlegt werden. Entscheidende Merkmale dabei können sein:
– Umsatzvolumen
– Absatzvolumen
– Umsatzsteigerungspotential
– Absatzsteigerungspotential
– Sortimentsbreite/-tiefe
– Deckungsbeitrag
– Bonität
– Standort
– Meinungsbildnerrolle.

In der praktischen Arbeit bleibt es nicht aus, Kunden aufgrund eines dominierenden Faktors falsch einzuschätzen. Hohe Umsätze sagen noch nichts über die Bonität eines Kunden aus und beantworten die Frage nach ausreichenden Deckungsbeiträgen nicht. Ein einfaches Gewichtungsverfahren kann helfen, die Entscheidung besser abzusichern. Werden die Beurteilungskriterien hinsichtlich ihrer Bedeutung für das eigene Unternehmen (U) gewichtet und andererseits kundenbezogen (K) bewertet, so läßt sich aus der Multiplikation eine Punktzahl (P) für jedes Beurteilungskriterium ermitteln. Als Summe ergeben sie die kundenspezifische Punktzahl (KSP). Dazu ein Beispiel mit fiktiven Zahlen:

| Zielorientierte Terminplanung | | | |
|---|---|---|---|
| Kunde: ..................................... Jahr: 19.... | | | |
| Kriterien | Unternehmensspez. Gewichtung (U) (0,0–1,0) | Kundenbewertung (K) (0–10) | Punktzahl (P) |
| 1. Umsatzvolumen | 0,6 | 6 | 3,6 |
| 2. Absatzvolumen | – | | |
| 3. Umsatzsteigerungspotential | 0,7 | 8 | 5,6 |
| 4. Absatzsteigerungspotential | 0,4 | 7 | 2,8 |
| 5. Sortimentsbreite/ Sortimentstiefe | – | | |
| 6. Deckungsbeitrag | 1,0 | 3 | 3,0 |
| 7. Bonität | 0,6 | 10 | 6,0 |
| 8. Standort | 0,4 | 9 | 3,6 |
| 9. Meinungsbildner | 0,6 | 8 | 4,8 |
| Kundenspezifische Punktzahl (KSP) | | | 29,4 |

*Abb. 4   Zielorientierte Terminplanung*

Aus der KSP ergibt sich auch die erforderliche Besuchshäufigkeit für diesen Kunden. Kunden mit hoher KSP werden häufiger besucht. Neukunden erhalten zunächst grundsätzlich eine hohe KSP, die nach einer bestimmten Zeit geprüft und gegebenenfalls reduziert werden muß. Dabei empfiehlt sich, folgendes zu berücksichtigen:
– Die unternehmensspezifische Gewichtung sollte mit der Verkaufsleitung abgestimmt sein.

## Organisationsmittel

- Die Bewertung sollte für alle Kunden einheitlich sein, beispielsweise hinsichtlich
  - Umsatzvolumen, 1 Punkt = 100 DM
  - Deckungsbeitrag, 1 Punkt = 10 DM pro Verkaufseinheit
  - Bonität, einwandfreie Auskünfte und reibungslose Zahlweise = 10 Punkte.
- Jährliche Prüfung der Kundenbeurteilung entsprechend ihrer Entwicklung.
- Grobe Jahresplanung anhand der kundenspezifischen Punktzahl (KSP) erstellen.

Aus einem funktionsfähigen Bewertungsschema wird sich ergeben, wieviel Zeit den einzelnen Kunden bei der Arbeit zugeordnet werden muß, wie *häufig* sie besucht werden sollen und welche speziellen Maßnahmen für sie gelten können.

Welche Organisationsunterlagen sich am besten eignen, ergibt sich aus der Konzentration auf das Notwendigste. Dabei spielt die zur Verfügung stehende Zeit natürlich eine Rolle. Es ist zu berücksichtigen, wieviel Zeit für die Anreise zu den einzelnen Kunden erforderlich ist und welcher Zeitbedarf für administrative Aufgaben besteht. Es sollte sich ermessen lassen, wieviel Zeit auf die einzelnen Kunden entfällt und auf jeden Fall sollte eine angemessene Zeitreserve bedacht werden. Aus diesen Faktoren wird sich ergeben, wieviel Kunden innerhalb eines bestimmten Zeitraums besucht werden können.

**Man sollte sich auf das Notwendigste konzentrieren**

In vielen Unternehmen gilt zwar die Grundregel, eine bestimmte Zahl von Kunden täglich zu besuchen, doch sind solche Richtwerte bei der Betrachtung über mindestens eine Woche realistischer einzuschätzen. In jedem Fall sollte aber der Außendienstmitarbeiter im Rückblick auf seine Tagesleistung zu dem Urteil kommen können, die optimale Kundenzahl angesprochen zu haben.

Erfolgreiches Verkaufen erfordert auch viel Selbstdisziplin. Es ist nicht einfach, über längere Zeiträume mit gleicher Intensität zu arbeiten. Ausreichende Termin- und Zielplanung kann aber eine große Hilfe sein. Mit einem klaren – und erreichbaren – Ziel vor Augen, ist die Wahrscheinlichkeit des Erfolgs ungleich größer, als wenn nur nach der eigenen Intuition vorgegangen wird.

Die unverändert anhaltende, starke Konzentration im Handel auf immer weniger, dann aber größere Unternehmen, hat bewirkt, daß sich der Außendienst vielfach in keiner direkten Verkaufssituation mehr befindet. Damit würde es fragwürdig werden, Außendienste, die in solchen Absatzbereichen arbeiten, früheren Systemen entsprechend nur auf der Basis von Umsatzvorgaben zu führen. Für die Verkaufsplanung müssen daher aus den in der Marketingkonzeption enthaltenen Absatzzielen die gültigen Zielsetzungen abgeleitet werden, die der Verkauf zu verfolgen hat. Das betrifft Verfügbarkeit, Bevorratung und Präsentation der Produkte in der jeweiligen Zielgruppe des Handels.

Als interdependentes System betrachtet, ergeben sie die Größen Produkt, Außendienstmitarbeiter und Einzelhandel. Es ist Aufgabe der *Verkaufssteuerung*, durch den Einsatz des Außendienstes den Bezug herzustellen zwischen den abzusetzenden Produkten und den Plätzen, an denen der Endverbraucher dem Produkt als potentieller Käufer gegenübersteht. Um den Außendienst hier richtig zu steuern, helfen Informationen, besonders über die Points of Sale, die gesteckten Distributionsziele zu erreichen. Diese Informationen sind:
– vorhandenes Distributionsmaterial
– distributive Ausgangslage
– laufende Veränderung der Distribution
– Soll-Ist-Vergleich nach Abschluß der Maßnahme.

**Genauigkeit ist kein Luxus**

Die zu diesem Zweck gelieferten Daten sollen mit möglichst geringer Abweichung genaue Zahlen aussagen, wobei *alle* zur Zielgruppe gehörenden Geschäfte erfaßt werden müssen. Zugleich sollen sie nach für die Operation wichtigen Merkmalen geordnet sein, wie Verkaufsbezirken, Geschäftstypen, Organisationsformen, Systemzugehörigkeit, Umsatzgrößenklassen u. ä. Sie sollen ermöglichen, die Adresse der einzelnen Absatzstelle abzurufen und aussagefähig sein hinsichtlich numerischer und gewichteter Distribution, Bevorratung, Produktpräsentation u. ä. Und schließlich sollen sie aktuell genug sein, um rechtzeitig eingreifen zu können.

Die Möglichkeiten, diese Überlegungen nutzbringend anzuwenden, haben in der Praxis die verschiedenartigsten Formen miteinander kombinierter Informationsquellen und Informationsverarbeitungssysteme. Sie reichen von Informationen aus Tagesberichten und Kundenkarten bis zur Nutzung modernster EDV-Techniken.

Das Spektrum der Möglichkeiten zeigt die folgende Graphik:

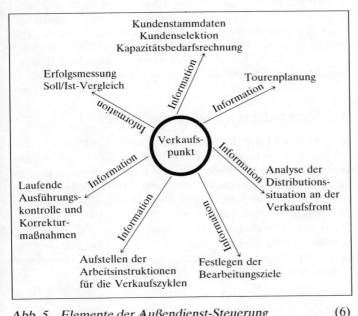

Abb. 5  Elemente der Außendienst-Steuerung          (6)

Welche Hilfsmittel wir aber auch anwenden und welcher technischen Neuerungen wir uns auch bedienen, fest steht, daß die menschliche Komponente im Verkauf nicht zu ersetzen ist. Und das spricht einmal mehr dafür, daß auch die besten Verkaufsorganisationen mit der Leistungsfähigkeit der Mitarbeiter stehen und fallen. Verkaufsorganisation ist auch Sache der *Verkaufsführung*, aber Verkaufsführung muß zur *Verkaufsdurchführung* kommen, denn nur, wenn ein Angebot auch zum Abschluß führt, lassen sich alle vorangegangenen Bemühungen vertreten.

# 3 Verkaufstaktik – Verkaufstechnik

Mit diesem Kapitel geht es direkt an die Verkaufsfront, denn das, von dem bisher die Rede war, diente der Verkaufsführung. Jetzt geht es aber um die Verkaufsdurchführung, und das ist der Augenblick des Kundenkontaktes. Trotzdem werden wir uns nicht blind in dieses Abenteuer stürzen. Darum ist ja auch von Taktik die Rede, und deshalb wird es auch hier noch eingangs um Aktivitäten gehen, die zur Verkaufsvorbereitung gehören. Zuerst wollen wir uns aber noch etwas mit der allgemeinen Taktik befassen, damit Sie die taktischen Aspekte des Kundenkontaktes besser erkennen können.

## 3.1 Verkaufstaktische Grundmuster

Militärisch läßt sich der Taktikbegriff einfach erklären. Gehen wir nämlich davon aus, daß die Strategie die Lehre von der Heer- und Truppenführung auf dem Kriegsschauplatz bis zum Schlachtfeld ist, dann können wir mit Taktik all das bezeichnen, was auf dem Schlachtfeld selbst organisatorisch abläuft. Die Taktik gehört also in den Bereich der Ausführung. Strategien werden im Vorfeld ausgearbeitet, taktische Entscheidungen werden meistens während des Handlungsverlaufes getroffen oder sie sollten zum mindesten vom Handlungsverlauf beeinflußt werden.

**Taktik gehört zum ausführenden Bereich**

Wie sieht das im Verkaufsbereich aus? Eigentlich ähnlich, denn die Verkaufsstrategie wird meistens von der Geschäfts- oder Verkaufsleitung ausgearbeitet und bestimmt, während die Verkaufstaktik oft nur durch die Eigeninititative des Verkaufsmitarbeiters *während der Verkaufsverhandlung* gewählt werden kann. Gewiß, es gibt taktische Konzepte, die man als *Grundmuster* einbringen kann. Man kann sich sogar taktisch vorbereiten oder nach taktischen Anweisungen handeln, aber dann ist man oft zur Korrektur gezwungen. Manchmal ist hohe Flexibilität gefragt, und vor allem dann, wenn man merkt, daß die taktischen Vorgaben das Geschäft ernstlich gefährden.

**Taktik erfordert manchmal Flexibilität**

Nehmen wir einmal an, die taktische Parole der Geschäftsleitung heißt: Hochdruckverkauf. Der Verkäufer gerät nun aber an einen Kunden, dem anzumerken ist, daß ihm Hochdruckverkäufer aus tiefstem Herzen zuwider sind. Dann wird sich der Verkäufer doch sofort *umstellen*, wird versuchen, sich zu verständigen und nicht hart auf den Abschluß drängen.

Mancher Verkäufer hat sich im Laufe der Jahre eine Taktik zurechtgelegt, die nicht nur zu seinem Kundenkreis oder im speziellen Falle zu einzelnen Kunden paßt, sondern auch zu *ihm*, denn auch eine Taktik muß glaubhaft wirken, und dann darf taktisches Verhalten ja gar nicht als Taktik zu erkennen sein. Alles muß *natürlich* ablaufen, zur Umgebung passend, dem Kunden gemäß, der Geschäftslage entsprechend und auch adäquat zum Angebot.

**Taktik muß dem Geschehen angepaßt werden**

So muß man herausfinden, ob es immer richtig ist, wenn man den Kunden sofort am Gespräch beteiligt. Man muß wissen, wo es angebracht ist, das Verkaufsgespräch kurz zu halten, und wo es Kunden gibt, die alles ganz ausführlich erklärt haben wollen. Von taktischer Bedeutung kann es auch sein, ob man Konkurrenten ins Gespräch bringt oder nicht. Ebenso entscheidend kann man mit der Preisnennung taktieren, und ob man einen Preis in den Vordergrund stellt oder ihn eher im Hintergrund hält, das kommt weitgehend auf die Attraktivität des Preises an. Man muß auch wissen, ob Kunden geneigt sind, Teilentscheidungen zu akzeptieren oder ob sie nur in ihren vollen Entschlüssen bestätigt werden wollen usw.

Hier zeigt sich schon, daß es mit einer Standardtaktik nicht getan ist. Und wenn von der Geschäfts- oder Verkaufsleitung auch die *allgemeine* taktische Richtung angegeben werden kann, so sollte man jedoch bedenken, daß mit der taktischen Vorgabe und ihrem Umfang auch die Kreativität des Verkäufers gehemmt wird, nämlich seine Fähigkeit, wirksame taktische Verhaltensweisen blitzschnell vor Ort zu entwickeln und einzusetzen.

Es kann natürlich Grundmuster geben, die *immer* akzeptiert werden müssen, so z. B. in allen Fällen, die durch eine unumstößliche Preispolitik festgeschrieben sind. Ausnahmeverhalten könnte da Schaden bringen, aber auch festgeschriebene taktische Muster sollten von Zeit zu Zeit überprüft werden. Taktisches Verhalten kann man schon deshalb nicht auf ewig festschreiben, weil es *Verhaltensänderungen* gibt, *Wertewandel* und auch sich ändernde äußere Umstände.

Wie sich taktisches Vorgehen in der Praxis manifestieren kann, werden Sie noch bei der Behandlung des Verkaufsgespräches erfahren, obwohl da gar nicht mehr speziell auf die Taktik verwiesen wird, denn es ist ja nicht der Begriff, worum es geht, *sondern das Agieren selbst,* das aus der taktischen Entscheidung resultiert.

**Taktik kann gute Vorbereitung nicht ersetzen**
Die beste Taktik kann den Vertreter oder Verkäufer aber nicht von der guten Vorarbeit entbinden, und schon deshalb darf man diesen Sachbereich nicht überschlagen.

## 3.2 Verkaufsvorbereitung

Verkaufsvorbereitung darf nicht zu eng gesehen werden, darum sofort der Hinweis, daß Verkaufsvorbereitungen sich nicht *nur* auf die Verkaufshandlung selbst beziehen. Und vieles, was bis zu diesem Punkt schon beschrieben wurde, gehört ja zur Verkaufsvorbereitung. Genau genommen gehören fast alle Marketingmaßnahmen zur Verkaufsvorbereitung, und damit ist es auch die Pflicht eines jeden Verkaufsmitarbeiters, seine eigenen Verkaufsvorbereitungen im Zusammenhang mit den übrigen Marketingmaßnahmen zu treffen und zu koordinieren.

Natürlich kann manche Vorbereitung nur ganz individuell durchgeführt werden. So z. B. die Reisevorbereitung. Niemand kann einem Vertreter dabei helfen, den Musterkoffer oder die Angebotsmappe optimal zusammenzustellen. Natürlich gibt es Tips, aber letzten Endes wird ein guter Vertreter seine Muster so zusammenstellen, daß sie nicht nur dem Erfolgsoptimum, sondern auch seinem eigenen Stil entsprechen.

Wer sich gut vorbereitet, wird seine Kundenkartei in Ordnung halten, und wenn eine Kartei übernommen wird, sollte sie geprüft und aktualisiert werden. Wer sich vorbereitet, sollte aber auch noch einmal alle Argumente überprüfen und sich vergewissern, ob alle Angebote auch realisiert, d. h. etwa, auch pünktlich geliefert werden können. Ganz wichtig ist es auch, sich um die Werbung zu kümmern, denn es wäre blamabel, erst durch den Kunden zu erfahren, welche Werbung im Augenblick für die eigenen Angebote läuft.

»Zur organisatorischen Vorbereitung des Verkaufserfolges gehört auch die gewissenhafte Tourenplanung. Damit ist nicht nur die geographische Planung gemeint. Auch die Analyse vorangegangener Besuche soll in Betracht gezogen werden. Dabei können Notizen, die nicht unbedingt in die Kartei gehören, nützlich sein, zusätzliche Hinweise, die manchmal nur auf Vermutungen oder Zufallsbeobachtungen beruhen.« (7)

Selbst, wenn man seinen Kundenstamm gut kennt, viel von der Konkurrenz weiß und auch bei der Suche nach prospektiven Kunden Erfolg hat, wird man noch einiges beachten müssen, wenn die Touren *auf lange Sicht* erfolgreich verlaufen sollen. Erfolgreiche Vertreter glauben, daß man bei der Tourenplanung noch folgendes beachten sollte:
– Entfernung des eigenen Wohnortes von den Kundenschwerpunkten
– Tagesbesuchsleistung
– Fahrstrecken zwischen den einzelnen Kunden
– Besuchsrhythmus
– Ruhe- und Feiertage
– Geschäftsschlußzeiten und Pausen
– saisonbedingte Faktoren
– Übernachtungsnotwendigkeiten und -möglichkeiten. (8)

Nun nützt allerdings der beste Tourenplan wenig, wenn es nicht zu den richtigen Kontakten kommt, und deshalb muß auch dazu noch einiges gesagt werden.

## 3.3 Nützliche Kontakte knüpfen

Worauf kommt es eigentlich an, wenn es im Verkauf um gute Kontakte geht? Nun, zuerst einmal darauf, daß es immer wieder gelingt, neue Kunden zu gewinnen. Andererseits ist es **Es kommt auf die richtigen Kontakte an** aber viel interessanter, bereits gewonnene Kunden zu behalten, denn mache Erstverkäufe decken nicht einmal die Kosten. Es ist aber noch etwas bei der Kontaktsuche wichtig, und zwar so wichtig, daß es gleich zu Beginn der kurzen Erörterungen erwähnt werden muß: Bedeutungsvoll ist es vor allem, daß man es versteht, zu den wirklich maßgebenden Leuten vorzudringen. Es kommt nämlich nicht nur darauf an, Kontakte zu vermehren, sondern solche Kontakte zu knüpfen, die sich an Ende als verkaufswirksam erweisen.

**Auch an wichtige Verkaufshelfer denken**

Wer gute Kontakte knüpfen will, darf nicht nur an Leute denken, denen er etwas verkaufen kann. Es gibt nämlich Leute, die fast so wichtig sind, wie die eigentlichen Kunden. Denken Sie doch nur an solche Kontakte, die Ihnen zu wichtigen Informationen verhelfen oder denken Sie an Referenzen, die sich aus Ihren Kontakten ergeben können. Es ist doch ein Unterschied, ob Sie als ganz Fremder vor einen Kunden treten oder ob Sie sich auf eine *Empfehlung* berufen können, durch die Ihr Bekanntheitsgrad steigt.

Wie steht es eigentlich mit Ihren Verbindungen? Sind sie nützlich oder können Ihnen Ihre eigenen Empfehlungen geschäftlich überhaupt nicht weiterhelfen? Natürlich vertreten manche Verkäufer die Ansicht, daß man zwischen Privatleben und Geschäft scharf trennen soll, aber die haben nur noch nicht begriffen, daß man sich dies heute im Verkauf gar nicht mehr leisten kann. Wenn Sie also Ihren persönlichen Umgang aktivieren, dann denken Sie auch an *Ihr* Geschäft. Das wird Ihnen niemand übel nehmen, denn Sie verheimlichen ja nicht, daß Sie davon leben, daß Sie etwas verkaufen.

**Jeder Verkäufer ist auf neue Kontakte angewiesen**

Mancher Außendienstmitarbeiter hat schon erwartet, daß er bei Dienstantritt einen Kundenstamm zugewiesen bekommt, daß ihm gute Kundenadressen vorliegen, die er bearbeiten kann. Selbst wenn man in eine so vorteilhafte Lage gerät, entbindet das nicht von der Pflicht, neue Kontakte zu knüpfen. Man sollte sich sogar so verhalten, als wäre man dringend auf diese neuen Kontakte angewiesen, denn dadurch könnte man seinen Kundenkreis schnell erweitern. Andererseits muß man sich der übertragenen Kunden auch im wahrsten Sinne des Wortes würdig erweisen. Man muß mindestens so gut sein

# Verkaufstaktik – Verkaufstechnik

wie der Vorgänger. Aber nicht nur im Außendienst, sondern auch im Laden muß man sich anstrengen, wenn man auf Kunden trifft, die vorher von einem anderen Verkäufer bedient wurden.

Den Außendienstmitarbeitern stellt sich allerdings ein weiteres Problem. Ihre Kunden kommen ja nicht in den Laden, sondern man muß, um sie zu erreichen, schon darum *werben*, empfangen zu werden. Da gibt es manches Hindernis zu überwinden.

Da gibt es Vorzimmerdamen, Sekretärinnen, Telefonistinnen usw., die erst einmal davon überzeugt werden müssen, daß es nützlich sein kann, wenn man mit einem guten Verkäufer spricht.

Gags als Türöffner sollte man nicht zu hoch einschätzen, und mit standardisierten Aufmerksamkeiten kommt man auch nicht immer weiter. Man sollte schon versuchen, sich *individuell* einzustellen. Und weil man nicht erwarten kann, überall schon beim ersten Besuch vorgelassen zu werden, sollte man alles genau durchdenken, was man bei einer gescheiterten Vorsprache richtig oder falsch gemacht haben könnte. **Kontakte knüpft man oft nur mit Geduld**

Besonders, wenn es darum geht, zu wichtigen Entscheidungsträgern vorzudringen, bedarf es manchmal *mehrerer* Anläufe, und dann kommt es oft schon auf die Vorkontakte an, ob der Besuch zum Erfolg wird. Es ist nicht einmal einfach, genau und schnell zu ermitteln, wer am Ende wirklich die *Entscheidungskompetenz* hat. »Abgesehen von eingeholten Auskünften Dritter gibt es nur die Möglichkeit der mehr oder weniger direkten Frage nach der Einkaufskompetenz.«

Ganz besonders wichtig ist es, die Angst vor kompetenten Leuten abzubauen. Man darf nicht unsicher werden, wenn es um wichtige Entscheidungen geht. Dabei haben kompetente Gesprächspartner oft auch angenehme Seiten. Vor allem haben sie es nicht nötig, ihr Geltungsbedürfnis zu demonstrieren. Sie sind ja wer und brauchen sich vor jemandem, der ihnen etwas verkaufen will, nicht künstlich zu produzieren.

Nun muß aber ganz klar darauf verwiesen werden, daß es noch nicht genügt, zu den richtigen Leuten vorzudringen oder die richtigen Kontakte zu knüpfen. Dann beginnt ja erst das richtige Verkaufen. Dann erst kommt der Augenblick, der beweisen muß, *ob man in der Lage ist, erfolgreiche Verkaufsgespräche zu führen.* Und weil das Verkaufsgespräch weitgehend über den Verkaufserfolg entscheidet, müssen wir uns hier besonders ausführlich mit dem Phänomen Verkaufsgespräch befassen.

## 3.4 Erfolgreiche Verkaufsgespräche

Wann dürfen Sie ein Verkaufsgespräch als erfolgreich bezeichnen? Wenn es während des Gespräches zu keinen harten Diskussionen und Auseinandersetzungen gekommen ist? Oder wenn der umworbene Kunde den eingebrachten Vorschlag weder bejaht noch verneint, und er Ihnen die Türe offenläßt für einen zweiten Anlauf? Oder wenn die Präsentation den Kunden überzeugt, ohne daß Sie ihm das letzte, alles entscheidende »ja« abzuringen vermögen?

**Setzen Sie sich für Ihre Verkaufsgespräche Ziele**

Grundsätzlich können Sie davon ausgehen, daß ein Verkaufsgespräch für Sie erfolgreich verlaufen ist, wenn Sie das – *vor* Gesprächsbeginn – klar definierte Ziel erreicht haben.

Nach wie vor steigen viele Verkäufer ohne jede Vorbereitung in die Verhandlungen ein. Sie leben dem Motto nach: »Mach das Beste aus der Situation!« Sofern Sie sich vom Durchschnittsverkäufer distanzieren wollen, dürfen Sie nicht auf günstige Zufälle vertrauen. Vielmehr sollten Sie jedes Gespräch sorgfältig planen, indem Sie jeweils:
– die Verhandlungsziele genau ausdrücken,
– alle nützlichen Demonstrationsunterlagen bereitstellen,
– mögliche Raktionen und Einwände voraussehen.
Das Verkaufsgespräch ist keine vergnügliche Unterhaltung. Verkaufen ist ein zielgerichteter Prozeß. Verkaufen kann folgendermaßen umschrieben werden:

> Die Probleme und Motive des Kunden gründlich erforschen, wirtschaftlich interessante und technisch realisierbare Lösungsvorschläge präsentieren, mit überzeugenden Argumenten die Vorteile der Lösungen hervorheben, vorhandene Bedenken zerstreuen und im richtigen Augenblick nach dem Auftrag fragen.

Die Formulierung der Ziele ist von der jeweiligen Situation und von den Eigenarten innerhalb einer bestimmten Branche und den praktizierten Verkaufsformen abhängig.

Direktverkäufer, die Versicherungen, Zeitschriftenabonnements, Autos, Schreibmaschinen, Kopiergeräte usw. anbieten, versuchen in allen Fällen, schon während des ersten Kontaktes den Vertragsabschluß herbeizuführen. Der Erfolg der Gespräche drückt sich unmißverständlich in der Zahl der eingebrachten Bestellungen aus. Der Erfolg ist sofort sicht- und meßbar.

Im Gegensatz dazu stehen alle übrigen Verkäufer, die mit demselben Kundenkreis über Jahre hinweg Beziehungen pflegen und kontinuierlich Bestellungen entgegenehmen. Dementsprechend unterscheiden sich auch die Formen der Kundenbearbeitung. Die direkte Aufforderung, eine Bestellung zu erteilen, tritt oftmals in den Hintergrund, währenddem anderen Zielen Priorität eingeräumt wird.

**Beispiele**

– Bedürfnisse und aktueller Bedarf im Detail erkunden.
– Preiserhöhungen ankündigen, rechtfertigen und durchsetzen.
– Offertanfrage provozieren.
– Reklamation beseitigen.
– Vorhandene Vorurteile abbauen.
– Herausfinden, warum keine Bestellungen mehr eingehen.
– Neues Produkt einführen und Mindestmenge verkaufen.
– Beim Neukunden eine Erstbestellung erhalten.

Nachdem die Ziele festgelegt sind, müssen alle hilfreichen Unterlagen wie: Grafiken, schematische Darstellungen von Abläufen, Referenzen, Warenmuster etc. bereitgestellt werden. Das Einfügen von Demonstrationsobjekten ist eindrück-

lich und führt rascher zum Gesprächserfolg. Darum lautet ein bewährter Grundsatz:
*Weniger reden – mehr zeigen!*

Achten Sie auch immer darauf, daß Sie sich dem Niveau Ihres Gesprächspartners anpassen. Speziell bei Erklärungen komplizierter, technischer Vorgänge, denn Ihr Kunde spricht oft eine andere Sprache.

**Deutliches Reden gehört zum Verkaufsgespräch**

Apropos Sprache: Diese ist für Sie ein äußerst wichtiges Instrument, darum ist es lohnend, die Sprache permanent zu entwickeln, den Wortschatz auszubauen und nichtssagende Floskeln und störende, Langeweile hervorrufende, Wiederholungen auszumerzen.

Und noch etwas ganz simples: Ersetzen Sie zukünftig Ich-Stellungen durch Sie-Stellungen. Diese Form der Ansprache wirkt freundlicher. Beispiel:
Schlecht: *Ich zeige Ihnen nun die Bilder . . .*
Besser: *Sie sehen nun die Bilder . . .*
Einfach, aber trotzdem wirkungsvoll!
Bisher haben Sie noch nichts über den methodischen Aufbau eines Verkaufsgesprächs erfahren. Der Gesprächserfolg kann stark vom systematischen, stufenweisen Vorgehen abhängen. Sobald der Verkäufer wirr von einem Thema zu einem anderen hüpft, wenn er die Übersicht verliert, verliert er auch seine Sicherheit, wenn er überdies die Gesprächsführung an den Kunden abgibt, ist er rettungslos verloren.

Der rote Faden oder die Strukturierung des Verkaufsgespräches hat folgendes Aussehen:
1. Phase: Beziehungsanknüpfung
2. Phase: Problem- und Motivanalyse
3. Phase: Argumentation und Demonstration
4. Phase: Zerstreuung der Einwände
5. Phase: Einleitung des Abschlusses

Wenn Sie sich an diesen Aufbau halten, lösen Sie Ihre Verkaufsaufgaben sicherer. Das methodische Operieren versetzt Sie überdies in die Lage, eine wirksame Selbstkontrolle auszuüben, denn jede Phase beinhaltet Etappenziele, die auf gar keinen Fall verpaßt werden dürfen. Bei großen Radrundfahrten scheiden diejenigen Fahrer aus, die nach Kontrollschluß eintreffen. Verpassen Sie Ihr Etappenziel, gefährden Sie den Gesprächserfolg!

> Ziele setzen, Argumente überdenken, Demonstrationsmaterial bereitstellen, sich am Wissensstand des Gesprächspartners orientieren, an der Sprache herumfeilen und methodisches Vorgehen, aber nun fehlen noch einige Eigenschaften, die alle erfolgreichen Verkäufer auszeichnen: Sie verfügen über einen *stärkeren Willen*, sie *arbeiten ausdauernder* und *geben nie auf!*

### 3.4.1 Begrüßung und Gesprächseröffnung

Sell first yourself! Verkaufe zuerst Dich – Deine Person!

Strahlen Sie Ihren Kunden an, bringen Sie Sonnenschein und Wärme in sein Haus! Einfach gesagt – schwer getan.
Ein erfahrener, immer froh gelaunter Verkäufer verriet kürzlich sein Geheimnis. Wenige Minuten vor der Begrüßung denke er jeweils an ein zurückliegendes, besonders schönes Erlebnis. Diese Erinnerungen erzeugen in ihm die richtige Stimmung.

**Der Käufer muß auch von der Person des Verkäufers überzeugt sein**

Bereits die ersten Sekunden können über den Erfolg oder Mißerfolg entscheiden, denn bereits in dieser Eröffnungsphase prüft der Kunde intuitiv und auch bewußt den Verkäufer. Das Ergebnis dieser ersten oberflächlichen Einschätzung steuert sein nachfolgendes Verhalten. Er nimmt wahr:
– Ihre Erscheinung
– Ihren Körpergeruch
– Ihre ersten Worte.

### Ihre Erscheinung

Allgemein gültige Regeln, wie ein Verkäufer gekleidet sein muß, gab es früher. Heute haben sich in dieser Hinsicht die Sitten gelockert. Trotzdem ein Tip: Identifizieren Sie sich mit Ihrer Kleidung mit Ihrem Unternehmen, Ihren Produkten und den Usancen der Branche. Wenn Sie Apotheken aufsuchen, werden Sie sich anders kleiden, als wenn Sie Autoreparaturwerkstätten kontaktieren.

Nicht ausschließlich die Kleidung prägt das Erscheinungsbild. Der erste (kritische) Blick erfaßt ebenso Haare wie auch die Gesichtspartie. Ein passender, gepflegter Haarschnitt sowie eine frisch rasierte Haut (oder ein korrekt zurechtgestutzter Bart) werten das Erscheinungsbild auf.

Ihr Kunde muß auf Anhieb Vertrauen empfinden, dieses Vertrauen wird er weiter auf Ihre Firma übertragen.

### Körpergeruch

Der Berater verbringt einen großen Teil seiner Arbeitszeit im Fahrzeug. Er schwitzt und der Mundgeruch ist nicht immer frisch und rein. Was halten Sie von einem übel riechenden Mitmenschen? Wahrscheinlich hoffen Sie auf ein rasches Ende der Begegnung! In Griffnähe liegende Kosmetikas machen die schnelle Erfrischung möglich (auch wenn die Zeit knapp ist). Der Griff zum Deodorant sollte zur Gewohnheit werden.

### Die ersten Worte

»Wie Geht's?«, »Schönes Wetter heute, aber kalt . . .«. Mit solchen abgedroschenen Phrasen wecken Sie weder Interesse noch schaffen Sie ein positives Klima! Denkfaule Verkäufer klammern sich an diese Floskeln, weil ihnen die Phantasie und die Beobachtungsgabe fehlen für das Aufspüren gesprächsöffnender Aufhänger.

Sprechen Sie über:
– *Neuigkeiten aus der Branche* (Veränderungen im Rohstoffmarkt, technische Errungenschaften, Entwicklungen in den Absatzmärkten etc.)
– *Steckenpferde* (Reisen, Sport, Kunst, Briefmarken, Garten etc.).

Obwohl in den meisten Bereichen der Wandel vom Verkäufer- zum Käufermarkt (der Käufer steht einem Überangebot gegenüber und kann auswählen) vollzogen ist, gehen zahlreiche Verkäufer weiterhin davon aus, daß ein Produkt in erster

Linie seiner technischen Vorteile, der kürzeren Lieferfrist, des tieferen Preises etc. wegen dem Konkurrenzprodukt vorgezogen werde, und daß die zwischenmenschlichen Beziehungen (Sympathie/Antipathie) keinen wesentlichen Einfluß auf den Entscheid des Kunden ausübten. Die so denkenden Verkäufer betrachten eine längere Einstiegsunterhaltung als reine Zeitverschwendung.

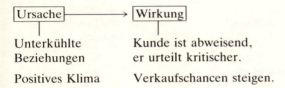

Unterkühlte Beziehungen   Kunde ist abweisend, er urteilt kritischer.

Positives Klima   Verkaufschancen steigen.

## 3.4.2 Wünsche wecken

Ist es Ihnen gelungen ein positives Klima zu schaffen, muß der Kunde für das Angebot interessiert werden. Ein raffinierter Gastronom wird a) seine attraktiv garnierten Leckerbissen in einer Vitrine zur Schau stellen und b) zusätzlich in der Speisekarte die Beschreibung der Gerichte mit überschwenglichen Eigenschaftswörtern aufmopsen, die dem Leser den Mund wässrig machen. Da Ihnen die Möglichkeiten für solche Präsentationen fehlen, müssen Sie andere Wege finden, um Neugierde und Interesse zu entfachen. Beispielsweise mit Feststellungen und Fragen:

**Interessieren Sie den Kunden**

– *Für die Produktion solcher Werbedrucksachen gibt es ein opakes Papier, das mit einem tieferen Grammgewicht gefahren werden kann, ohne daß die Qualität des Endproduktes beeinträchtigt wird, und dabei sparen Sie eine Menge Geld.*
– *Möchten Sie einen super-leisen Kühlschrank, ohne daß Sie bei höchsten Außentemperaturen auf Leistung und Ihr kühles Bier verzichten müssen?*

Mit solchen und ähnlichen Formulierungen können Sie den eigentlichen Verkaufsvorgang einleiten.

**Individualität beachten**

### 3.4.3 Probleme und Motive ergründen

Damit Sie Ihrem Kunden wirklich individuelle Lösungsvorschläge unterbreiten können, ohne an seinen Wünschen und Vorstellungen vorbeizureden, müssen Sie einige Details abklären.

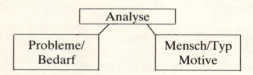

**Problem- und Bedarfsanalyse**

Bei *Direktanwendern (-verbrauchern)* interessieren die Antworten auf die Frage:
Warum und für welchen Zweck braucht der Kunde die Leistung?

Nun dürfen Sie sich keinesfalls mit knappen Informationen zufriedengeben. Sie würden sich an der Oberfläche bewegen. Mit öffnenden Zusatzfragen alle (wäre wünschenswert) triftigen Gründe ermitteln.

Bei *Verarbeitern (Händlern)* stellt sich die Lage etwas anders dar. Sie könnten beispielsweise folgendermaßen vorgehen:
– Was verkauft der Kunde?
– Wem verkauft der Kunde?
– Wie verkauft der Kunde?
– Wieviel kann er wann gebrauchen?

**Mensch/Typ/Motiv-Analyse**

Damit Sie in einem späteren Zeitpunkt die materiellen Vorteile der angebotenen Leistung motivkonform und damit wunsch- und verkaufsfördernd präsentieren können, müßten Sie den Kunden als Typ und seine Beweggründe besser kennen.

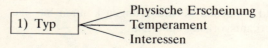

## 2) Motive — Käufer (Symbol)

Motive sind Beweggründe und damit Antriebskräfte, die Handlungen auszulösen vermögen. Hinter einem Wunsch bzw. einer Kaufabsicht verbergen sich in der Regel mehrere Motive. Diese Motive können in ihrer Intensität unterschiedlich stark sein und sogar in Widerspruch zueinander stehen. Die Motivstrukturen sind einem permanenten Wandel unterworfen. Sie ändern sich mit zunehmendem Alter, sie sind vom Gesundheitszustand abhängig, vom Umfeld usw. Sie sind aber auch unterschiedlich von Mensch zu Mensch.

**Oft sind mehrere Motive zu berücksichtigen**

Für Sie geht es nun darum, in einer einfachen Art und Weise bei jedem potentiellen Käufer diese Motive und ihre Hierarchie abzutasten. Eine stark vereinfachte (aber trotzdem brauchbare) Darstellung der Kaufmotive läßt sich aus dem Symbol »Käufer« ableiten.

| K | = Komfort |
| a | = Ängstlichkeit |
| e | = Erkenntnisdrang |
| u | = Uneigennützigkeit |
| f | = Franken/D-Mark |
| e | = Ehrgeiz |
| r | = Ruhm |

*Komfort steht für:* Bequemlichkeit, mit geringer Anstrengung (Aufwand) viel erreichen, mühselige (unbequeme) Arbeiten abwenden etc.

*Ängstlichkeit steht für:* starkes Sicherheitsempfinden, Angst vor der Zukunft, Unsicherheiten bei bestimmten Handlungen oder gegenüber bestimmten Gegenständen etc.

*Erkenntnisdrang steht für:* Neugierde, immer wieder etwas Neues tun, Wiederholungen interessieren nicht, etwas erforschen etc.

*Uneigennützigkeit steht für:* anderen eine Freude bereiten, den eigenen Egoismus hintenanstellen, zuerst für die anderen da sein etc.

*Franken/D-Mark steht für:* Geld- und Raffgier, Geiz, Sammlertätigkeit, Besitzanspruch geltend machen etc.
*Ehrgeiz steht für:* etwas erreichen, besser machen als die andern, mehr von sich selbst zu fordern etc.
*Ruhm steht für:* von den andern bewundert zu werden, etwas vorzeigen, was die anderen nicht haben, sich distanzieren etc.

**Einfaches Fragen kann Motive oft nicht ergründen**

Motive lassen sich nicht so leicht ermitteln. Direkte Fragen wie: Sind Sie bequem? Neugierig? Aufs Geld versessen? würden Ablehnung hervorrufen. Aufmerksames Hinhören bei der Offenlegung der Problemsituation sowie mit etwas Übung können Sie von den gemachten Aussagen die Motive ableiten.

Aber auch die *typologische Einschätzung* bietet Ansätze: So neigt ein rundlicher Mensch eher zur Gutmütigkeit, Genießertum, Bequemlichkeit etc.

Man könnte aber auch von den *Interessen* ausgehen. Weisen diese auf eine starke Entwicklung im Berufsleben hin, ist die Person aktiv, ehrgeizig, aufgeschlossen gegenüber Neuerungen und schätzt das »Bewundert-werden«.

**Fragetechniken**

Nun noch einige Hinweise über die Technik, Fragen zu stellen. Sie dürfen auf keinen Fall einen Kunden ausfragen, speziell ein verschlossener oder gehemmter Typ würde diese Form als störend, lästig empfinden.
*Ermunternde Fragen:* Warum-Was-Wie-Fragen verleiten zum Erzählen. Es fällt leicht, mittels Fortsetzungsfragen die Unterhaltung im Fluß zu halten.
*Ja/Nein-Fragen:* Diese Frageform verleitet zu Ja/Nein-Vielleicht-Antworten (Ausfrage-Effekt).

Zusammenfassend können wir nun sagen:

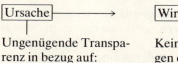

| Ursache → | Wirkung |
|---|---|
| Ungenügende Transparenz in bezug auf:<br>– die Probleme,<br>– die Motivstruktur. | Keine maßgeschneiderten Lösungen der Probleme.<br>Kunde akzeptiert Lösungen nur bedingt oder gar nicht. |

## 3.4.4 Überzeugende Argumentation

Im Rahmen der Argumentation versuchen Sie den erkannten Problemen die angepaßten Lösungsvorschläge entgegenzustellen, indem Sie die materiellen Vorteile gebührend herausstreichen und überzeugend darlegen und die vorhandenen Motive durch gezielte Appelle in Schwingung versetzen.

**Lösungen bieten, die den Problemen entsprechen**

Ein Verkaufsgespräch könnte sich nach dem folgenden Muster abspielen:

*Situation*

*Ein rundlicher Herr, ca. 50jährig, betritt die Verkaufslokalitäten der AG für Gebrauchtfahrzeuge. Er scheint ein zufriedener Mensch zu sein, ruhig, gemütlich und mitteilungsfreudig.*

*Das Gespräch*

Verkäufer: *Guten Tag. Was darf's denn sein?*
Kunde: *Ich möchte meinen alten Wagen gegen einen neueren eintauschen.*
Verkäufer: *Was für einen Wagen fahren Sie und wieviel möchten Sie denn investieren?*
Kunde: *Einen Ford Taunus, 1,6 l, Kombi, Jahrgang 80. Ich rechne so um die 20 000 DM.*
Verkäufer: *Ja, da habe ich wirklich etwas ganz Schönes für Sie. Einen sehr gepflegten Gebrauchtwagen mit ganz wenigen Kilometern, sorgfältig gefahren und in einwandfreiem Zustand. Einen Opel Monza Coupé, Jahrgang 85. Überzeugender als tausend Worte wird die unverbindliche Probefahrt sein.*
(Der Verkäufer setzt sich ans Steuer und braust mit dem Kunden auf und davon.)
Verkäufer: *Nun halten Sie sich fest, denn mit diesem Motor können Sie unheimlich beschleunigen. Das 5-Gang-Getriebe ist wirklich super.*
*Wir fahren nun mit relativ hoher Geschwindigkeit in die nächste Kurve. Sie brauchen keine*

*Angst zu haben, denn dieser Monza liegt flach und sicher auf der Straße. Er klebt richtiggehend auf dem Belag.*
(Der Kunde klammert sich krampfhaft an den Haltegriffen fest.)
Verkäufer: *Und nun beschleunigen wir erneut im 3. Gang und bringen den Motor auf volle Touren. Achtung! Ich werde nun eine Vollbremsung einleiten, damit Sie sehen, wie rasch und zuverlässig das System greift. Dabei wird der Wagen keinen Zoll von der Spur abweichen.*
(Nach diesem eindrucksvollen Manöver soll sich der Interessent ans Steuer setzen. Er lehnt jedoch ab und möchte zurückgefahren werden.)

Ganz so kraß wird sich der geschilderte Vorgang in der Praxis nicht abspielen. Nach diesem Muster, allerdings in gedämpfter Form, werden täglich unzählige Gespräche geführt. Und es ist erstaunlich, wie viele echte Verkaufschancen gewisse Verkäufer durch ihr Verhalten vergeben.

Ohne jeden Zweifel: Der Verkäufer ist vom Fahrzeug und dessen Vorzügen restlos begeistert und während der Fahrt ist es ihm auch gelungen, die Fahreigenschaften überzeugend zu demonstrieren.

*Leider hat er das richtige Produkt dem falschen Kunden angepriesen!*

1) Hätte der Verkäufer der voreiligen Probefahrt eine gründliche Analyse vorausgehen lassen, hätte er erfahren, daß der kaufwillige Interessent ein Fahrzeug vorzieht, das hinsichtlich Bedienungskomfort, Platzverhältnisse, Laderaum und Sparsamkeit im Unterhalt einen optimalen Nutzen verspricht. Mit einigen wenigen Fragen hätte er alles klären können:
– Was für Anforderungen stellen Sie an das Fahrzeug?
– Soll dieses größer oder kleiner sein als der Taunus?
– Sollen's vier oder fünf Türen sein?
– Welchem Zweck soll das Fahrzeug hauptsächlich dienen?

2) Hätte der Verkäufer dem Wunsch entsprechend das passende Modell vorgestellt, gezielt an die Motive appelliert, statt

gegen diese zu verstoßen, wäre ihm wahrscheinlich der Abschluß geglückt.

**Die Technik des Beeinflussens**

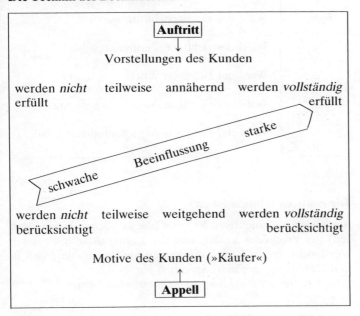

*Abb. 6*

Die beeinflussenden Maßnahmen sind eingebettet in den Informationen über die Eigenschaften eines Produktes. Ein Käufer will eine Sache erwerben, sobald er erkennt, daß die eigentliche Nutzenstiftung die Aufwendungen übertrifft.

## Die Technik des Überzeugens

| Technik des Überzeugens | des Beeinflussens A + A |
|---|---|
| | Wahl der richtigen Informationen |
| | Wahl des richtigen Zeitpunktes |
| | Wahl der richtigen Worte |
| | Wahl der richtigen Anzahl Argumente |
| | Wahl der richtigen Argumentationstechnik |

*Abb. 7*

**Die richtigen Informationen**

Stellen Sie die objektiven Vorteile (die sachlichen Eigenschaften) des Produktes so dar, daß der Kunde diese mit seinem Verstand erfassen kann. Vermeiden Sie den Fehler, sich in den Details zu verlieren. Sprechen Sie:
*weniger von der Funktion, dafür mehr vom Nutzen!*

**Der richtige Zeitpunkt**

Die Aufeinanderfolge der einzelnen Informationen sollte einerseits den aktuellen Wissensstand des Kunden berücksichtigen und andererseits die Spannung innerhalb des Gespräches steigern. Darum:
*Nicht die schlagkräftigsten Argumente an den Anfang stellen und schwächere folgen lassen!*

**Die richtigen Worte**

Das heißt nichts anderes, als sich der Sprache des Kunden zu bedienen.

## Die richtige Anzahl der Argumente

Allzu viele Argumente hemmen den Verkauf, verwirren den Kunden, machen ihn unsicher. Vernünftiger ist, die Zahl der Argumente (Informationen) zu beschränken, darauf zu achten, daß sie die Kauflust anheizen und nicht langweilen.

**Nie den Kunden verwirren**

## Die richtige Argumentationstechnik

Wichtig ist nicht nur, was Sie sagen. Ebenso wichtig ist: Wie Sie es sagen! Die Köche der nouvelle cuisine française sind in dieser Beziehung wahre Meister. Aus bescheidenen Rohstoffen komponieren sie phantastische Gerichte und präsentieren diese anschließend in einer Art und Weise, die das Herz eines jeden Gourmets höher schlagen lassen.

Die Meisterköche müßten eigentlich Vorbild eines jeden Verkäufers sein! Denn von der Präsentation der Argumente hängt viel ab. Starke Argumente in ein biederes Kleidchen gesteckt, erzeugen weniger Resonanz als schwächere Argumente, die in einem schillernden Kleid daherkommen. Dafür gibt es viele eindrückliche Beispiele. Ein Vorbild in dieser Hinsicht ist auch der Hersteller von elektronischen Unterhaltungsgeräten, dessen Anlagen durch ihr modernes, unverwechselbares Design auffallen. Der technische Vorsprung eines einzelnen Anbieters ist jeweils innerhalb kürzester Frist neutralisiert und die verfügbaren Geräte aller bekannten Marken bewegen sich auf einem vergleichbaren, hohen technischen Niveau. Es wird immer schwieriger, Unterscheidungsmerkmale zu schaffen, um gegenüber den Konkurrenten Wettbewerbsvorteile zu haben. Dem vorerwähnten Produzenten ist dies gelungen und der Verkaufserfolg ist beachtlich.

**Mit den besten Worten argumentieren**

## Bildhafte Argumentation

Bildhaft argumentieren erleichtert dem Kunden das Verstehen. Er kann mit einem minimalen Denkaufwand die Zusammenhänge sofort erfassen. Abstrakte Argumente erschweren das Verkaufen.
Schlecht: *Mit dieser Farbbandkassette tippen Sie 18 000 Zeichen.*

**Anschaulich argumentieren**

Besser: Mit dieser Farbbandkassette tippen Sie 20 engbeschriebene Seiten.
(18 000 Zeichen sind abstrakt, 20 Seiten hingegen kann man sich besser vorstellen.)

### Argumente positiv formulieren

Das Argument ist von jeder Negativ-Äußerung befreit. Der Kunde wird nicht direkt zur Ablehnung aufgefordert.
Schlecht: *Dieses matt gestrichene Papier eignet sich für den Druck Ihres Prospekts ausgezeichnet, aber es ist viel teurer.*
Besser: *Dieses matt gestrichene Papier eignet sich für den Druck Ihres Prospekts ausgezeichnet. Es wertet die darin enthaltenen Inhalte auf.*

### Problem- und motivbezogene Argumentation

Die Argumente werden auf die Lösung der erkannten Probleme ausgerichtet und stimmen mit den dominierenden Motiven überein.
*Die Hektik in Ihrer Branche führt dazu, daß Sie innerhalb weniger Tage den Kunden Aktionsangebote unterbreiten müssen. Für gewisse Drucksachen können wir ganz kurze Lieferzeiten garantieren.*

### Argumente relativieren

Das Argument soll die Wirkung relativieren, indem Parallelen zu anderen Vorkommnissen gezogen werden, um einen günstigen Kontrast zu erzeugen, der die Wirkung einer Aussage entweder verstärkt oder abschwächt.
*Sie brauchen eine Menge Filme. Nachdem der Silberpreis rasch in die Höhe schnellte, wurden auch die Preise für Filme zwischen 40 und 50 Prozent angehoben. Gegenüber dieser Erhöhung nimmt sich unser Papierpreisaufschlag von 6 Prozent direkt bescheiden aus.*

### Nachteil-Argumente

Nachteil-Argumente werden vom Verkäufer absichtlich vorgebracht. Damit schafft er zusätzliches Vertrauen. Denn

Kunden sind mißtrauisch gegenüber Verkäufern, die nur in den Vorteilen schwelgen. Beim Nennen von Nachteilen ist allerdings darauf zu achten, daß diese für den Kunden eher bedeutungslos sind und den Abschluß nicht zu gefährden vermögen.
*Mit diesem Fahrzeug fahren Sie allerdings keine Spitzengeschwindigkeiten von 200 und mehr Kilometern die Stunde.*
(Der Interessent ist kein typischer Schnellfahrer.)

**Die Wirkung der Argumente**

Sie steigern die Wirkung der Argumente, sofern Sie
– *Superlative* vermeiden,
– *Übertreibungen* unterlassen,
– *Beweise* vorlegen.

Wenn Sie Ihren Kunden beobachten, erkennen Sie rechtzeitig, wie er Ihre Argumente aufnimmt, ob diese interessieren, langweilen oder sogar Unmut auslösen.

Zusammenfassend können wir nun sagen:

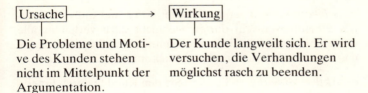

| Ursache | → | Wirkung |

Die Probleme und Motive des Kunden stehen nicht im Mittelpunkt der Argumentation.

Der Kunde langweilt sich. Er wird versuchen, die Verhandlungen möglichst rasch zu beenden.

### 3.4.5 Demonstrationstechniken

Damit Sie die Wirkung der Argumentation noch zu steigern vermögen, sollten Sie aussagekräftige Demonstrationsmaterialien vorlegen, denn je mehr Sinne in den Beeinflussungs- und Überzeugungsprozeß miteinbezogen werden, um so rascher werden Sie Ihren Kunden zum Abschluß bewegen können. Was wäre ein Vortrag über einen guten Wein ohne Degustation? Ein Weinverkäufer verbessert seine Verkaufschancen ganz wesentlich, er muß seinem Kunden nur Kostproben seines Produkts offerieren. Wie viele Worte würden Sie benötigen, um ein Kunstwerk anzupreisen? Die Reproduktion

**Zeigen ist besser als erklären**

(oder noch besser das Original) ist eindrücklicher und animiert unvergleichlich stärker. Die Demonstration gelingt, sofern Sie einige elementare Grundsätze und Techniken beherrschen:

*1. Gute Vorbereitung!* Machen Sie sich mit Ihren Unterlagen vertraut. Sie sollten jederzeit wissen, was wo zu finden ist.

*2. Geeignete Unterlagen aufbereiten!* Ihre Zielsetzung diktiert den Einsatz der Vorlagen, diese müssen die Argumente ergänzen, verdeutlichen und beweisen. Unbesonnener Einsatz irgendwelcher Demonstrationstitel kann die bisherigen Anstrengungen zunichte machen.

*3. Neugierig machen!* Leiten Sie die Präsentation mit werbenden Worten ein. Erzeugen Sie Spannung, legen Sie die Unterlagen nicht einfach auf den Tisch.

*4. Störfaktoren ausschalten!* Schaffen Sie (sofern möglich) alle herumliegenden Objekte und Unterlagen, die den Kunden ablenken könnten, beiseite.

*5. Schwerpunkte fixieren!* Falscher Eifer und mißverstandenes Pflichtbewußtsein dürfen Sie nicht dazu verleiten, alle mitgeführten Unterlagen vorzulegen. Zeigen Sie wirklich nur das, was den Kunden im Augenblick interessiert.

*6. Aktive Mitwirkung!* Fordern Sie den Kunden durch Fragen heraus. Er soll mitdenken, anfassen, schnuppern, spielen, prüfen. Er wird sich schneller mit Ihrem Angebot anfreunden.

*7. Dramatisieren!* Versuchen Sie nicht nur trocken und sachlich zu erklären. Effektvolle Präsentationen sind die Würze in der Suppe.

*8. Beweisführung!* Außerdem sollten die Vorlagen Ihre Aussagen, die Vorteilargumente, beweisen.

*9. Die Nutzenstiftung im Mittelpunkt!* Also auch hier: Den Kunden kümmert es weniger, wie etwas gemacht wird. Er will wissen, was es ihm nutzt!

## 3.4.6 Abbau von Kaufwiderständen

Ein Interessent, der keine Einwände vorbringt, bringt dem Angebot kein echtes Interesse entgegen, denn jeder Kauf erfordert gleichzeitig auch einen Verzicht (er kann sich einen anderen Wunsch nicht erfüllen) oder das Angebot befriedigt nicht restlos die manifesten Bedürfnisse. Mittels Fragen, kritischen Bemerkungen, unsicher anmutenden Behauptungen oder Aufschieben der Kaufentscheidung, signalisiert der Kunde, daß ihn das Angebot interessiert, aber noch nicht restlos überzeugt hat. Kaufwiderstände können harmlos sein. Daneben können gewisse Einwendungen aber auch so gefährlich sein, daß selbst ein erfahrener Verkäufer, trotz Einsatz seines ganzen Könnens, kapitulieren muß. Versuchen Sie den nachfolgenden Empfehlungen nachzuleben, sobald Ihr Kunde Einwände äußert:

**Einwände beleben das Verkaufsgespräch**

*1. Ruhig und gelassen reagieren.* Nervöse, gereizte Entgegnungen weisen auf eine eigentliche Schwachstelle hin.

*2. Einwand nicht größer machen.* Allzu ausführliche, engagierte Entgegnungen werten den Einwand unnötigerweise auf. Knappe, sachliche Antworten tragen eher dazu bei, Zweifel auszuräumen.

*3. Kunde auf keinen Fall unterbrechen.* Lassen Sie Ihren Kunden immer aussprechen, auch wenn Sie den Einwand bereits kennen.

*4. Keine offene Widerrede.* Offene Widerrede ist taktlos, heizt das Widerspruchsbedürfnis zusätzlich an und löst unerwünschte Diskussionen aus.

*5. Spontane, unüberlegte Anworten vermeiden.* Fehlerhafte Auskünfte und verletzende Antworten werden mit neuen Einwendungen quittiert.

*6. Nicht auf jeden beliebigen Einwand eingehen.* Wenn es geht, sollten Sie auch einmal einen Einwand einfach ignorieren können und mit dem Verkaufsgespräch weiterfahren.

*7. Informationen vervollständigen.* Bringen viele Kunden immer wieder dieselben Informationswünsche vor, ist es angebracht, im Gespräch diese Schwachstellen zu eliminieren.

Nebst der Beachtung dieser doch eher allgemein gehaltenen Empfehlungen ist es nützlich, die nachfolgenden Ausführungen gründlich zu studieren.

Bringt der Kunde einen Einwand vor, sollten Sie vor Ihrer Stellungnahme prüfen und entscheiden:

| WAS | für Gründe verbergen sich hinter dem Einwand? |
|---|---|
| WANN | muß der Einwand zerstreut werden? |
| WIE | kann der Einwand elegant beseitigt werden? |

**Was für Gründe verbergen sich hinter dem Einwand?**

Art des Einwandes

| Vorwand/Ausrede | Echter/Stichhaltiger Einwand |
|---|---|
| – Der Kunde möchte den Kontakt abbrechen. | *Informationswünsche* sind harmlos, sie signalisieren Interesse. |
| – Das Angebot interessiert ihn nicht. | *Objektive Einwände* richten sich gegen die angebotene Leistung oder Teile davon. |
| – Persönliche Gründe führen dazu, daß der Kunde den Verkäufer ablehnt. | *Subjektive Einwände* richten sich *nicht* gegen die angebotene Leistung. |
| – Der Kunde will oder kann den Auftrag nicht erteilen. | *Unterdrückter Einwand* Irgendwelche Gründe veranlassen den Kunden, den Einwand nicht vorzubringen. |
| Ausreden werden auch immer wieder vorgebracht, um die wahren Ablehnungsgründe zu kaschieren! | *Vorurteile* sind gefühlsbetont, Meinungen ohne realen Untergrund. |
| | *Abschlußangst* Der Kunde hat Angst vor den Konsequenzen einer möglichen Entscheidung. Er ist unsicher. |

## Wann muß der Einwand zerstreut werden?

*Vorbeugende Maßnahmen*
sind angebracht, speziell bei häufig auftauchenden Informationswünschen oder bei vorausschaubaren Widerständen (gegen den Preis, die Qualität etc.).

*Sofortiges Eintreten*
Könnte der Einwand den weiteren Verlauf der Verhandlung gefährden, darf die Entgegnung nicht aufgeschoben werden.

*Verzögerungstaktik*
Der Kunde bringt einen Einwand vor, der in einer späteren Gesprächsphase ohnehin beantwortet wird oder die Entgegnung wird hinausgezögert, weil die Antwort den Kunden – im Augenblick – schockieren könnte (allzu frühe Bekanntgabe des Verkaufspreises!). Vielleicht ist die Verzögerungstaktik auch deswegen angebracht, weil dem Verkäufer keine effektive Entgegnung einfällt!

*Ignorieren*
Der Einwand (und ganz speziell die Ausrede) wird überhört. Mit Schwung greift der Verkäufer ein anderes Thema auf, verweist auf Vorteile und spricht über die enorme Nutzenstiftung.

## Wie kann der Einwand elegant beseitigt werden?

*Frage-Technik*
Der Einwand wird in eine Frage umgewandelt (Aber diese gelbe Farbe . . . Hängt Ihre persönliche Sicherheit von der Signalfarbe ab?).

*Ja-Aber-Methode*
Vorerst dem Kunden beipflichten, um das Widerspruchsbedürfnis zu besänftigen, er akzeptiert dann (eher) die Argumente des Verkäufers.

*Boomerang-Methode*
Der Einwand wird in ein positives Argument umgedreht (4 750 DM für dieses Kopiergerät? Weil Sie 4 750 DM investieren, haben Sie die Möglichkeiten der stufenlosen Vergrößerung und Verkleinerung, die Ihnen bei Ihren Gestaltungsauf-

gaben die Arbeitsaufwendungen auf ein Minimum reduzieren).

### 3.4.7 Kaufsignale

Die letzten Zweifel haben sich verflüchtigt, der Kunde ist von den Vorteilen des Angebots überzeugt, er wird nun seine Kaufbereitschaft signalisieren, indem er Fragen stellt:

– *Ja könnten Sie dieses Modell mit automatischem Getriebe sofort liefern?*
– *Kann man die Kopien, die dieses Gerät produziert, wirklich kaum mehr von den Originalen unterscheiden?*
– *Vorausgesetzt, ich würde diese Stereoanlage kaufen und bar bezahlen, würden Sie mir dann einen Rabatt gewähren?*

### 3.4.8 Abschlußtechniken

Nun ist also der richtige Augenblick gekommen, den Abschluß unverzüglich in die Wege zu leiten. Jetzt ist jedes weitere Argument überflüssig (und könnte sogar den Abschluß gefährden).

**Direktvorschlag**

Sie sind nun Ihrer Sache sicher und gehen direkt auf die Bestellung zu.

– *Dann darf ich Ihnen die 10 Tonnen mattgestrichenes Papier per 25. August anliefern?*

**Alternativvorschlag**

Sie sind noch etwas unsicher und möchten mit einer Alternative dem Kunden das »Nein-Sagen« erschweren.

– *Möchten Sie die 10 Tonnen per 25. August oder erst per 10. September im Hause haben?*

**Sofern-Vorschlag**

Der Kunde stellt den Auftrag in Aussicht, sofern gewisse Hemmnisse überwunden werden können (vielleicht spekuliert er boshafterweise damit, daß seine Bedingungen unerfüllbar sind). Hier sollten Sie keine Zusagen machen, ohne daß Sie nicht die Auftragsgewinnung mit der Zusage koppeln.

– *Würden Sie die 10 Tonnen bestellen, sofern wir diesen unmöglich kurzen Liefertermin garantieren könnten?*

### 3.4.9 Abschlußangst

Etliche Berater finden es unanständig, nach dem Auftrag zu fragen (für einen Berater geziemt sich so etwas nicht). Sie gehen davon aus, daß die Initiative vom Kunden ausgehen müßte, daß er nicht bedrängt werden möchte. Jeder Berater ist auch Verkäufer. Wenn er keine Zähne zeigt, ebnet er dem Konkurrenten den Weg.

**Nur ganz selten erhält man einen Auftrag, ohne danach zu fragen**

Die Angst vor dem »Nein« ist bei anderen Verkäufern die Ursache, die Abschlußfrage vor sich herzuschieben. Ein »Nein« wird einen routinierten Verkäufer kaum erschüttern, noch dazu verleiten, weitere Bemühungen einzustellen, denn aufgrund seiner Erfahrungen weiß er, daß das erste oder auch das zweite »Nein« keine ernstgemeinte Absage ist. Er weiß, daß der Kunde im Innersten erwartet, daß ihm neue, noch nicht dargestellte Vorzüge der Leistung präsentiert werden. Darum merken Sie sich:

> Der Verkauf beginnt, wenn der Kunde »Nein« sagt!

Das klingt nicht sehr einleuchtend, aber es hat sich in der Praxis oft genug als richtig erwiesen. Vorausgesetzt natürlich, daß der Verkäufer nicht gleich beim ersten Nein aufgibt.

## 3.5 Was passiert nach dem Abschluß?

Wer glaubt, mit dem Abschluß sei das Geschäft gemacht und alles erledigt, ist im Irrtum, denn aus dem Abschluß ergeben sich ja Pflichten, und was ebenso wichtig ist: *Abschlüsse können zu neuen Abschlüssen führen. Und daran sollte der Verkäufer ja besonders interessiert sein. Voraussetzung dafür ist aber, daß zuerst einmal der gerade getätigte Abschluß nicht enttäuscht. Das erfordert manchmal besondere Aufmerksamkeit.*

Es gibt Aufträge, die sich fast automatisch abwickeln und andere, die viel Aufmerksamkeit des Verkäufers erfordern. Darum müssen Vertreter und Verkäufer auch damit rechnen, in Reklamationen hineingezogen zu werden.

**Persönlicher Einsatz schafft Vertrauen**

Schaden kann es gewiß nicht, wenn man dem Kunden sagt, daß man sich persönlich um die Angelegenheit kümmern wird, aber dann muß man es auch wirklich tun. Schaden kann es auch nicht, wenn man dem Kunden sofort nach dem Abschluß noch einmal bestätigt, daß er wirklich eine gute Entscheidung getroffen hat.

Kunden schätzen persönlichen Einsatz. Und wenn sie wissen, daß sie mit persönlichem Einsatz auch in schwierigen Fällen rechnen können, dann bringen sie meistens auch mehr Verständnis auf, wenn wirklich einmal etwas danebengeht.

Korrekt ausgeführte Aufträge und zufriedenstellende Lieferungen können neue Aufträge nach sich ziehen und zu *Anschlußgeschäften* führen. Man kann allerdings auch versuchen, sofort nach dem Abschluß ein neues Geschäft anzubahnen oder Zusatzverkäufe zu realisieren. Wer Zusatzverkäufe vom Sortiment her machen kann, sollte aber an folgendes denken:

Weitere Produkte erst nach Abschluß des Hauptproduktes anbieten,
– nicht zu viele Produkte präsentieren,
– erst das nächste Produkt abschließen, bevor das andere weiter ausgebaut wird,
– den Partner bei zusätzlichen Angeboten genau beobachten, um zu erkennen, wenn die Kaufbereitschaft nachläßt,

- den Partner dann nur noch im Schnellverfahren über weitere Möglichkeiten informieren (9).

Alles hat seine Grenzen, und man kann auch nicht alles auf einmal erreichen. Das gilt auch für den Verkauf, und so kann man einen Abschluß auch nicht beliebig erweitern. Es kommt bisweilen auch auf die *tatsächliche* Aufnahmefähigkeit der Kunden an, die sich zwar erweitern läßt, aber nicht bis ins Unendliche. Der Sinn für Realität sollte deshalb auch bei und nach enthusiastischen Verkaufsgesprächen nicht verlorengehen, denn letzten Endes sind es auch im Verkauf die Tatsachen, die zählen. **Etwas mehr als das Mögliche anstreben, aber das Mögliche erreichen**

# 4 Verkauf auf Auslandsmärkten

Mehr als ein Drittel aller in Deutschland geschaffenen Waren- und Dienstleistungen wird bereits auf Auslandsmärkten abgesetzt. Nicht nur Großunternehmen, sondern speziell auch mittelständische Industrie, Handels- und Handwerksunternehmen haben die Chancen erkannt, die Ihnen der Auslandsmarkt bietet.

Unsere Nachbarn im EG- und EFTA-Raum gehören bislang zu unseren wichtigsten Auslandskunden. Auch Geschäftspartner in den USA, im Nahen und Fernen Osten, in Ostblockländern sowie in China schätzen die Leistungsfähigkeit deutscher Exportunternehmen, das hohe Qualitätsniveau, die Zuverlässigkeit der Vertragsabwicklung und das günstige Preis-Leistungsverhältnis der angebotenen Ware.

Welche sind die Hauptbeweggründe für dieses starke und erfolgreiche Engagement deutscher Unternehmen auf Auslandsmärkten?

## 4.1 Warum es sich lohnt, auch im Ausland zu verkaufen

Enger werdende Inlandsmärkte und ein zunehmender Konkurrenzdruck, insbesondere auch ausländischer Anbieter, machen es erforderlich, daß deutsche Unternehmen auch sichere und rentable Absatzmöglichkeiten im Ausland erschließen. Auf diese Weise wird die Existenzbasis des Unternehmens im heimischen Markt gewährleistet, Arbeitsplätze werden erhalten, die vorhandenen Kapazitäten werden besser und rentabler genutzt. Darüber hinaus erhalten exportierende Unternehmen im Kontakt mit ausländischen Geschäftspartnern wichtige Anregungen zur Weiterentwicklung und Verbesserung des bestehenden Produktions- und Leistungspotentials. Verfahren und Patente können gewinnbringend selbst dann noch im Ausland untergebracht werden, wenn die Entwicklung im heimischen Markt bereits weiter fortgeschritten ist und neue Technologien den Markt beherrschen.

Eine Umfrage bei mittelständischen Unternehmen ergab folgende Gründe für den Einstieg in Auslandsmärkte:
- Absicherung des Unternehmenswachstums,
- Ausweitung der Umsätze,
- Minderung von Absatzrisiken,
- Ausgleich konjunkturbedingter Absatzschwankungen,
- bessere Auslastung der vorhandenen Kapazitäten,
- langfristigere Nutzung der vorhandenen Produktionsanlagen,
- Ausweitung des Forschungs- und Entwicklungshorizonts.

**Gründe für den Export**

Gleich welcher dieser Gründe für Ihr Unternehmen von vorrangiger Bedeutung ist, mit dem Schritt in den Auslandsmarkt werden auch Sie *zusätzliche* Chancen für die Absicherung und Ausweitung Ihres unternehmerischen Engagements nutzen wollen.

Mit Ihrer Entscheidung, in den ausländischen Markt einzusteigen, sind zunächst vielfältige Maßnahmen verbunden, um diesen Schritt gründlich vorzubereiten, wirksam abzusichern und erfolgreich durchzuführen. Denn neben den Chancen, die Sie nutzen möchten, ist der Weg in den ausländischen Markt mit vielfältigen Risiken behaftet, die im heimischen Markt unbekannt oder leichter abzusichern sind.

**Chancen und Risiken**

Es gilt daher zunächst, sich mit dem Rüstzeug auszustatten, um die vorhandenen Chancen leichter nutzen und die möglichen Risiken wirkungsvoller ausschalten zu können.

## 4.2 Welches Rüstzeug ist erforderlich?

Verkauf auf Auslandsmärkten – dies ist für Sie nicht ein einmaliges Geschäft, welches abgewickelt, abgerechnet und dann vergessen wird, sondern es ist ein langfristiges Engagement, welches einen beachtlichen Teil Ihrer finanziellen und personellen Möglichkeiten in einem starken Ausmaß in Anspruch nimmt. Als verantwortungsvoller Unternehmer sollten Sie sich über die Tragweite Ihrer Entscheidungen im klaren sein. Wenn Sie mit vollem persönlichen Engagement hinter dieser Entscheidung stehen, werden Sie Ihr Ziel errei-

**Export verlangt volles unternehmerisches Engagement**

chen. Ein halbherziges Vorgehen nach dem Motto »Wir wollen's mal versuchen, mal sehen, wie weit wir kommen« ist ein wenig tragfähiges Fundament. Allein schon, um die notwendigen vorbereitenden Maßnahmen *zielstrebig und wirkungsvoll* durchzuführen, bedarf es einer planvollen und engagierten Vorgehensweise.

### 4.2.1 Grundbedingungen, die erfüllt sein sollten

Auf Ihre Entscheidung für den Verkauf auf dem Auslandsmarkt folgt nun eine Zeit, die von Ihnen viel Geduld, viel Ausdauer und ein konsequentes Festhalten an der ins Auge gefaßten Zielvorstellung verlangt. Zunächst haben Sie es nur mit vorbereitenden Arbeiten zu tun, die meist einen längeren Zeitraum als erwartet in Anspruch nehmen und mit beträchtlichen Kosten verbunden sein können.

**Zeit, Geld und Geduld**

Nach den vorliegenden Erfahrungen können von der ersten Entscheidung bis zu einem ersten wirklich tragfähigen Verkaufsgeschäft 2–3 Jahre verstreichen. Diese Zeit muß finanziert werden, Rückschläge und unerwartete Schwierigkeiten müssen mit einem immer wieder *positiven Engagement* überwunden werden.

Dies ist die erste und wichtigste Voraussetzung, die sich der Unternehmer, bzw. die Unternehmensleitung stets wieder vor Augen halten muß. Nur wenn diese Voraussetzung erfüllt wird, lassen sich alle übrigen Schritte um so leichter bewerkstelligen.

Neben dieser eigenen Gewissensüberprüfung sollten Sie sicherstellen, daß eine Reihe von weiteren Grundanforderungen erfüllt sind.

**Flexibilität der Fertigung**

So sollten Sie sicherstellen, daß Ihre Produktionskapazität ausreichend ist, um die erwarteten Exportaufträge ausführen zu können. Ihre Fertigung sollte in der Lage sein, evtl. notwendige Produktänderungen oder aber auch Anpassungen vorzunehmen. Ihre finanzielle Situation sollte so beschaffen sein, daß Sie die in der Anlaufphase anfallenden Kosten ohne Schwierigkeiten finanzieren können. Üblicherweise sind mit dem beabsichtigten Verkauf im Auslandsmarkt folgende zusätzliche Kosten verbunden:

1. *Aufbau von Auslandsmärkten:*
   - Reisen
   - Informationsbeschaffung
   - Marktforschung
   - Aufbau eines Vertriebssystems

2. *Produktion:*
   - Wareneinkauf
   - Beschaffung neuer oder erweiterter Fertigungsanlagen
   - Produktänderungen

3. *Transport der Waren ins Ausland:*
   - Zwischenlagerung
   - Land-, Luft-, Seetransport

4. *Gewährung von Zahlungszielen:*
   - Vertraglich vereinbart
   - Verzögerung der Zahlungsabwicklung.

Aber auch an die Leistungsfähigkeit Ihres Personals und Ihrer organisatorischen Möglichkeiten werden durch den Einstieg in den Auslandsmarkt zusätzliche Anforderungen gestellt. Sprachkenntnisse und Erfahrungen in der Handhabung der erforderlichen Exporttechniken sind unerläßlich für die reibungslose Bewältigung der anfallenden Arbeiten. Darüber hinaus sind Kreativität und Flexibilität von hohem Wert für den erfolgreichen Auf- und Ausbau der gewünschten Außenhandelskontakte. Oftmals wird gerade in kleinen und mittleren Unternehmen nicht rechtzeitig erkannt, welche vielfältigen Aufgaben mit dem Auslandsgeschäft verbunden sind und wie notwendig eine kompetente Besetzung der hiermit verbundenen Position ist. Im einzelnen können folgende Leistungen notwendig werden: **Leistungsfähigkeit der internen Organisation**

*Vorbereitungsphase:*
- Marktforschung
- Marktprognose
- Produktanpassung

- Werbung
- Kontaktanbahnung
- Preisgestaltung
- Angebotsabgabe
- Vertragsverhandlung
- Kreditprüfung
- Vertragsformulierung und -abschluß

*Abwicklungsphase:*
- Auftragsabwicklung
- Finanzierung
- Verpackung
- Versicherung
- Fakturierung
- Zahlungsabwicklung
- Zahlungssicherung
- Versand
- Zollabwicklung

*Nachbereitungsphase:*
- Gewährleistung
- Kundendienst
- Verkaufskontrolle
- Kostenkontrolle
- Marktpflege

Neben diesen innerbetrieblichen Grundanforderungen müssen Sie und Ihre exportbezogenen Mitarbeiter ein geändertes Risikobewußtsein entwickeln.

### 4.2.2 Ein erhöhtes Risikobewußtsein – damit Mißerfolge begrenzt bleiben

Wesentliche Risikofaktoren, die den Verkauf auf Auslandsmärkten erschweren, sind im wesentlichen in der Fremdheit der Märkte und in der größeren Entfernung zum Geschäftspartner begründet. Diese Faktoren bedingen, daß Auslandsgeschäfte in der Regel mit höheren Risiken verbunden sind, als Geschäfte auf dem einheimischen Markt. In letzter Konsequenz können diese Risiken dazu führen, daß der Exporteur sein Geld für die gelieferte Ware nicht, oder nicht in der vereinbarten Höhe, oder nicht zum vereinbarten Zeitpunkt erhält.

Um diese Gefahren zu vermeiden ist es erforderlich, daß der Exporteur ein entsprechendes Risikobewußtsein entwickelt. Dieses sollte dazu führen, daß er vor Abschluß eines Geschäftes zunächst alle Risiken im Zusammenhang mit diesem Geschäft erkennt. Daraufhin ist zu entscheiden, welche Risiken abgesichert bzw. übernommen und welche Risiken auf den Vertragspartner abgewälzt werden sollen bzw. können. **Gefahr erkannt, Gefahr gebannt**

Die Absicherung von Risiken ist üblicherweise mit Kosten verbunden, die in der Kalkulation zu berücksichtigen sind. Dadurch würden sich bei der Absicherung aller möglichen Risiken häufig überhöhte Angebotspreise ergeben, die den Abschluß des Geschäftes gefährden könnten. Dies führt häufig dazu, daß viele Risiken vom Exporteur ohne Absicherung übernommen werden.

In der Praxis haben die wirtschaftlichen und die politischen Risiken die höchste Bedeutung.

Unter dem *wirtschaftlichen Risiko* werden die Risiken verstanden, die in der Person des Käufers begründet liegen wie: Zahlungsunfähigkeit oder -unwilligkeit, Auftragsannullierung, Konkurs, Vergleich usw.

Diese Risiken können abgesichert werden durch: **Risikofaktor**
- Abschluß einer Export-Kreditversicherung, **Kunde**
- Beschaffung einer Garantiezusage von einer erstklassigen Bank,
- Vereinbarung einer Anzahlung/Vorauszahlung
- Vereinbarung der Zahlung mittels eines unwiderruflichen bankbestätigten Dokumentenakkreditivs
- Forderungsverkauf (Forfaitierung).

*Politische Risiken* sind nicht in der Person des Käufers **Risikofaktor** begründet, sondern in der politischen Situation des Landes, in **Importland** dem er seinen Sitz hat. Zu diesen Risiken zählen: Krieg, Revolution, Beschlagnahme der Ware, Streik usw. Hervorzuheben wegen ihrer Bedeutung sind das Zahlungsverbot- und Moratoriumsrisiko (Z.-M.-Risiko) und das Konvertierungs- und Transferrisiko (K.-T.-Risiko).

Das Z.-M.-Risiko ist gegeben bei Zahlungsunfähigkeit des Gläubigerlandes oder wenn der Staat die Zahlung verbietet bzw. die Schulden nur in bestimmten Zeitabständen gezahlt werden (Zahlungsaufschub, Moratorium).

Das K.-T.-Risiko liegt vor, wenn die Währung des Käuferlandes nicht in die Währung des Verkäuferlandes umgetauscht wird, wenn der Staat z. B. keine Devisen mehr besitzt, oder wenn die vom Käufer in inländischer Währung entrichtete Zahlung nicht überwiesen wird, weil der betreffende Staat einen Geldexport in seiner Währung aus z. B. wirtschaftlichen Gründen nicht wünscht.

Politische Risiken werden nicht von privaten, sondern von staatlichen Institutionen abgedeckt. In Deutschland ist hierfür die »HERMES Kreditversicherungs AG« seitens der Bundesregierung beauftragt.

Die bedeutendsten Risiken und deren Absicherungsmöglichkeiten können zusammenfassend der folgenden Übersicht entnommen werden:

| Risiko: | Sicherungsmöglichkeiten: |
|---|---|
| Währungsrisiko | ● DM-Fakturierung<br>● Aufnahme eines Währungskredites<br>● Devisen-Termingeschäfte<br>● Forfaitierung<br>● Rediskont eines Währungswechsels |
| Wirtschaftliches Risiko | ● Vorauszahlung/Anzahlung<br>● Private Versicherungsgesellschaft<br>● HERMES-Deckung<br>● Bankgarantie<br>● Forfaitierung<br>● Unwiderrufliches Dokumenten-Akkreditiv |
| Politisches Risiko | ● Unwiderrufliches bestätigtes Dokumenten-Akkreditiv |

| | |
|---|---|
| Abwicklungsrisiko | ● HERMES-Deckung<br>● Forfaitierung<br>● geschultes Fachpersonal<br>● Beratung durch Bank, IHK, Spedition, Außenhandelsberater |
| Absatzrisiko | ● Marktforschung<br>● Laufende Marktbeobachtung |
| Transportrisiko | ● Transportversicherung |

Zusätzlich zu den dargestellten Methoden zur Absicherung möglicher Außenhandelsrisiken empfiehlt es sich, umfangreiche Informationen über wahrscheinliche Risiken einzuholen. Dies kann geschehen durch Kontaktaufnahme zu Banken, Speditionen, Außenhandelsberatern oder aber zu Unternehmen, die bereits im gleichen Auslandsmarkt tätig sind. Von diesen Personen oder Institutionen können aufgrund der gewonnenen Erfahrungen praxisbezogene Aussagen gemacht werden, die für den Aufbau bzw. den Ausbau des eigenen Geschäftes mitberücksichtigt werden sollten.

### 4.2.3 Umfangreiche zusätzliche Informationen – die beschafft und ausgewertet werden müssen

Für Ihren Auslandsumsatz kommen theoretisch ca. 160 Zielmärkte in Frage. Um die speziellen Gegebenheiten des von Ihnen ausgewählten Marktes in *ausreichendem Umfang* beurteilen zu können ist es notwendig, eine Vielzahl von Daten und Informationen zu erfassen und im Hinblick auf die angestrebten Exportziele auszuwerten. Ziel der systematischen und sorgfältigen Auswahl und Aufbereitung dieser Daten ist es, das Risiko einer Fehlentscheidung zu mindern und die Erfolgschancen im fremden Markt zu erhöhen. **Fehlentscheidungen vermeiden durch gute Information**

Üblicherweise können die für eine Beurteilung notwendigen Daten in 5 Gruppen zusammengefaßt werden:

1. Welches sind die speziellen Eigenarten des fremden Marktes?
   – politische Verhältnisse

- Religion, Sitten, Gebräuche
- rechtliche Besonderheiten
- Landes- und Geschäftssprache
- Währung
- Preisniveau und Wechselkurs
- geographische und klimatische Gegebenheiten
- Infrastruktur

2. Gibt es hier einen Bedarf für das Exportgut?
   - Kaufkraft
   - Nachfrageart und -menge
   - Kaufmotive
   - Kaufgewohnheiten
   - Nachfragetendenzen

3. Wie ist die Konkurrenzsituation?
   - Konkurrenten
   - Marktanteile und Marktstellung
   - Absatzpolitik

4. Welche Vertriebsmöglichkeiten stehen für das Exportgut zur Verfügung?
   - Handelsvertreter
   - Händler
   - Importeure

5. Welche Anforderungen muß das Exportgut erfüllen?
   - Qualität
   - Verpackung
   - Etikettierung
   - Service
   - Preis
   - Liefer- und Zahlungskonditionen
   - Ausfuhrvorschriften im Exportland
   - Einfuhrvorschriften im Importland

Die benötigten Informatinen lassen sich leichter und kostengünstiger beschaffen, als dies auf den ersten Blick erscheinen mag.

## 4.2.4 Institutionen und Organisationen, die bei der Informationsbeschaffung behilflich sein können

Eine Vielzahl von Informations-, Beratungs- und Kontaktstellen bieten dem deutschen Exporteur ihre weitgefächerten Dienste an und erleichtern ihm auf diese Weise die Lösung der vielschichtigen außenwirtschaftlichen Fragestellungen.

**Hilfreiche Ratgeber**

Für den *Einstieg* in das Exportgeschäft werden üblicherweise folgende Informationswege bevorzugt ausgewählt, die für die Anbahnung von Auslandsgeschäften gewisse Schlüsselfunktionen ausüben:
- Industrie- und Handelskammern (IHK)
- Deutsche Handelskammern im Ausland (AHK)
- Bundesstelle für Außenhandelsinformation (BfAI)

Darüber hinaus können *spezielle* und *vertiefende* Informationen von verschiedenen nationalen und internationalen Stellen bezogen werden, deren Anschriften von einer der drei vorgenannten Stellen erhältlich sind.

### Industrie- und Handelskammern

Die 69 in den einzelnen Regionen der Bundesrepublik angesiedelten Industrie- und Handelskammern (IHK) bieten neben ihrem umfangreichen Dienstleistungsangebot für die Binnenwirtschaft speziell für den Außenhandel vielfältige Leistungen, Beratungen und Hilfestellungen an. Hierzu gehören z. B.:

**Hilfe ganz in Ihrer Nähe**

- Informationen über Auslandsmärkte
- Auskünfte zum Außenwirtschaftsrecht
- Beglaubigung von Dokumenten
- Informationen über Zölle, Ein- und Ausfuhrvorschriften
- Unterstützung bei der Vertragsgestaltung von Auslandsverträgen
- Ausstellung von Ursprungszeugnissen
- Nachweis internationaler Ausschreibungen
- Vermittlung von Warenangeboten und -nachfragen aus dem Ausland
- Beratung über Auslandsmessen
- Vermittlung von Exportberatern

- Hilfestellung bei der Durchsetzung von Forderungen gegen ausländische Abnehmer
- Organisation von Informationsreisen ins Ausland
- Informationsdienst für Geschäftsreisende.

**Auslandshandelskammern**

Bei den rd. 40 im Ausland angesiedelten deutschen Handelskammern (Auslandshandelskammern, AHK) handelt es sich um freiwillige Zusammenschlüsse von inländischen und ausländischen Unternehmern zur Förderung des bilateralen Handels.

**Ihr Informant vor Ort**

Das Dienstleistungsangebot der AHK ist bedarfsorientiert und umfaßt annähernd den gesamten Bereich der Außenwirtschaft, wobei die Stärke der Auslandshandelskammern in der besonderen Kenntnis des betreffenden Marktes liegt. Von den deutschen Exporteuren, die nicht Mitglieder der AHK sind, werden für die Inanspruchnahme von Dienstleistungen Gebühren erhoben. Mitglieder erhalten diese Leistungen im allgemeinen kostenlos. Zu den üblichen Dienstleistungen der AHK gehören:
- Prüfung und Beurteilung von Absatzmöglichkeiten
- Beratung über Marktchancen
- Ermittlung von Lieferanten, Abnehmern, Handelsvertretern usw.
- Hilfe bei der Vertragsgestaltung
- Auskünfte über Handelsbräuche
- Erstellung von Gutachten
- Informationen über Ein- und Ausreisebestimmungen, Firmengründungen, Investitionen
- Vertretung bei Messen
- Vermittlung von Anwälten
- Erstellung von Marktstudien.

**Bundesstelle für Außenhandelsinformation**

Die Bundesstelle für Außenhandelsinformation (BfAI), Blaubach 13, 5000 Köln 1, ist eine Dienststelle des Bundesministers für Wirtschaft. Sie ist eine Informationssammelstelle für alle deutschen Auslandsvertretungen und für eine Reihe von

eigen Korrespondenten Die BfAI bietet der deutschen **Informations-**
Wirtschaft mit ihren zahlreichen gedruckten Informations- **netz**
diensten, darunter den täglich erscheinenden »Nachrichten für
den Außenhandel« (NfA), eine vielschichtige Informations-
quelle über alle außenwirtschaftlichen Fragen. Darüber hinaus steht sie dem deutschen Exporteur für mündliche und
schriftliche Auskünfte zur Verfügung.

Zu den Informationsschwerpunkten der BfAI gehören:
– Marktinformationen
– Rechtsinformationen
– Zollinformationen
– Ausschreibungen
– Warenangebote und -nachfragen
– Ostinformationen
– Vertretungsgesuche und -angebote.

Das Leistungsangebot kann detailliert der Broschüre »Publi-
kationsspiegel«, die kostenlos erhältlich ist, entnommen
werden.

### Informationsbereiche im Überblick

Der nachfolgenden Aufstellung können Sie die wichtigsten
Informationsmöglichkeiten entnehmen.

| | |
|---|---|
| Unternehmen | persönliche Kontakte |
| | Berichte von Vertretern, Lieferanten und Kunden |
| Kammerbezirk | Industrie- und Handelskammern |
| | Handwerkskammern |
| | Banken |
| | Speditionen |
| | Unternehmen mit Außenhandelserfahrung |
| Bundesland | Wirtschaftsministerium |
| | Wirtschaftsverbände |
| | Berater |
| Bundesrepublik | Bundesstelle für Außenhandelsinformationen (BfAI) |
| | Fachverbände |
| | wissenschaftliche Institute |

|  |  |
|---|---|
| Auslandsmarkt | Ländervereine<br>Exporthäuser<br>ausländische Botschaften<br>internationale Messen<br>Fachverlage<br>Auslandshandelskammern<br>internationale Verbände<br>deutsche Botschaften<br>Marktforschungsinstitute<br>internationale Messen |

## 4.3 Welche Wege führen in den Auslandsmarkt?

Nachdem Sie die innerbetrieblichen Voraussetzungen geschaffen haben, um Ihre Produkte erfolgreich auf Auslandsmärkten zu verkaufen, nachdem Sie die für eine erfolgreiche Anbahnung von Auslandsgeschäften benötigten Informationen zusammengetragen haben, gilt es nun, geeignete Exportmärkte auszuwählen, innerhalb dieser Märkte den bestmöglichen Absatzweg einzuschlagen und innerhalb dieses Absatzweges die Vertriebs- und Geschäftspartner zu gewinnen, mit denen es am ehesten möglich erscheint, die geplanten Absatzziele zu erreichen.

### 4.3.1 Wie Sie geeignete Exportmärkte auswählen

Wenn Sie für den Verkauf Ihrer Produkte auf Auslandsmärkten keine Präferenz für ein bestimmtes Land oder für eine bestimmte Ländergruppe haben, ist es zweckmäßig, aus allen in Frage kommenden Ländern in einem stufenweisen Vorgehen nacheinander diejenigen Länder auszusortieren, die Sie wegen ungünstiger Rahmenbedingungen nicht bearbeiten möchten, bzw. für die Ihre Exportprodukte keine ausreichende Eignung besitzen.

Bei der Beurteilung der Märkte sind die spezifischen Chancen und Risiken zu analysieren und zu bewerten, die mit einer Bearbeitung des ausgewählten Marktes erwartet werden können. Als Ergebnis eines derartigen *stufenweisen* Auswahlverfahrens sollten ein bis zwei oder relativ wenige Märkte verbleiben, die aus der spezifischen Sicht des Unternehmens bei kalulierbaren Risiken den größtmöglichen Erfolg erwarten lassen.

Sobald in der Bearbeitung dieser Märkte erste auswertbare Erfahrungen gesammelt wurden, und wenn die gesamte innerbetriebliche Exportorganisation die Abwicklung des Außenhandelsgeschäftes *reibungslos* beherrscht, wenn die finanziellen sowie die produktseitigen Voraussetzungen hierfür gegeben sind, können die unternehmerischen Exportbemühungen auf weitere Länder ausgedehnt werden. Im nachfolgenden Schema ist diese systematische, stufenweise Vorgehensweise dargestellt. Je nach den Zielsetzungen des Unternehmens im Auslandsmarkt und in Abhängigkeit von den betrieblichen Gegebenheiten kann diese Vorgehensweise auch nach anderen Kriterien erfolgen: **Länderraster**

---

**Stufenweise, systematische Länderauswahl**

1. *Stufe*
   Mögliches Entscheidungskriterium: Allgemeine Rahmenbedingungen, wie z. B.
   – politische Situation
   – gesetzliche Beschränkungen

2. *Stufe*
   Mögliches Entscheidungskriterium: Absatzbedingungen, wie z. B.
   – Bevölkerung
   – Bruttosozialprodukt
   – Preis- und Qualitätsniveau der nationalen Industrie
   – Wettbewerbssituation ausländischer Konkurrenz
   – Käufergewohnheiten
   – Vertriebsmöglichkeiten
   – Marktpotential

3. *Stufe*
   Mögliches Entscheidungskriterium: Spezielle Produktanforderungen, wie z. B.
   – gültige Normen
   – bestehende Sicherheitsvorschriften

> - marktübliche Garantieleistungen
> - Markierungs-Etikettierungsvorschriften
> - Verpackungsvorschriften
>
> 4. *Stufe*
> Mögliches Entscheidungskriterium: Kosten-/Nutzenoptimierung, z. B.
> aus den verbleibenden Märkten können die zwei oder drei Zielmärkte ausgewählt werden, die im Vergleich zu den übrigen Märkten bessere Relationen erwarten lassen zwischen den möglichen Umsatzerlösen und den hiermit verbundenen Kosten.

In der Praxis werden häufig weniger aufwendige Verfahren der Länderauswahl angewandt. In der Anfangsphase ihrer Exportmarkterschließung beschränken sich viele Unternehmen z. B. zunächst nur auf die Nachbarstaaten, die ähnliche Verbrauchergewohnheiten aufweisen wie der einheimische Markt. Die Gründe für ein derartiges Vorgehen können sein:
- relativ geringe Risiken
- traditionell gut ausgebaute Handelsbeziehungen
- ähnliche Geschäftsgepflogenheiten wie auf dem heimischen Markt
- keine oder geringe sprachliche Probleme
- relativ leicht überschaubare Märkte
- vereinfachte Informationsbeschaffung

**Erst vor der Haustür akquirieren**

Ein derartiges bevorzugtes Vorgehen drückt sich insgesamt auch im deutschen Exportvolumen aus. Mehr als die Hälfte aller Ausfuhrlieferungen gehen in den europäischen Markt. Die EG-Länder nehmen hier wieder eine vorrangige Stellung ein.

In vielen Fällen wird beobachtet, daß exportorientierte Unternehmen die Länderwahl dem *Zufall* überlassen. Mit der Teilnahme an einer inländischen, international orientierten Messe ergeben sich vielfach Anfragen von potentiellen Abnehmern aus verschiedenen Ländern. Eine konsequente Bearbeitung dieser Anfragen führt dann häufig zu Geschäftskontakten, die mehr das Ergebnis eines zufälligen Messekontaktes als das Resultat einer planvollen Analyse darstellen.

## 4.3.2 Auswahl eines geeigneten Absatzweges

Sobald Sie im Rahmen einer planvollen, zielorientierten Länderauswahl die bestgeeigneten Absatzmärkte festgelegt haben, heißt es nun, die Vertriebspartner zu bestimmen, die an der Weiterleitung des Produkt- und Leistungsangebotes innerhalb dieser Länder beteiligt sein sollen, und zwar ausgehend von der Produktionsstätte bis hin zum Verbraucher im Auslandsmarkt.

Mit der Auswahl der Vertriebspartner werden somit einzelne Zwischenstationen auf dem gesamten Absatzweg festgelegt. Je nach den vom Unternehmen gewählten Vertriebspartnern ergeben sich unterschiedliche Absatzwege. Das Unternehmen wird hierbei bestrebt sein, denjenigen Absatzweg zu wählen, der entsprechend der Zielsetzung des Unternehmens die bestmögliche Alternative darstellt. **Wer ist der richtige Partner?**

Die Auswahlmöglichkeit dieses gewünschten optimalen Absatzweges wird häufig von einer Reihe von Einflußfaktoren eingeengt. Derartige Faktoren können ihren Ursprung haben
- im Produkt selbst, welches auf dem Auslandsmarkt abgesetzt werden soll (z. B. in der Erklärungsbedürftigkeit, den Serviceanforderungen)
- im exportierenden Unternehmen (z. B. Kapitalausstattung, bisherige Exporterfahrung, vorhandenes Vertriebssystem)
- im betreffenden Auslandsmarkt (z. B. Wirtschaftsordnung, Konkurrenzsituation, Absatzgewohnheiten).

In der Praxis können Sie zwischen folgenden Absatzwegen wählen:
- direkter Export
- indirekter Export
- Lizenzvergabe
- Auslandsfiliale.

### Direkter Export

Beim *direkten Export* verkauft der Hersteller seine Produkte unmittelbar an Importeure, Handelsbetriebe oder an Endabnehmer im Importland. Dies setzt zumindest direkte geschäftliche Kontakte zu den ausländischen Handelspartnern voraus, **Üblicher Weg** gute Kenntnisse des Auslandsmarktes sowie das Vorhandensein einer in der Exportabwicklung erfahrenen Abteilung.

Innerhalb Europas dominiert heute das direkte Exportgeschäft, und zwar sowohl im Konsumgüterbereich als auch im Investitionsgüterbereich. Aber auch außerhalb Europas gewinnt der direkte Export durch eine Reihe von Maßnahmen und Einflüssen weiter an Bedeutung. Diese haben Ihre Ursache sowohl in einer stark expansiven Zunahme von Messen und Ausstellungen, als auch in verschiedenen öffentlichen Maßnahmen zur Förderung des Exportes, in der Verbesserung der Verkehrs- und Nachrichtentechnik usw.

**Indirekter Export**

Während beim direkten Export der Hersteller in unmittelbarer Beziehung zum Abnehmer auf dem Auslandsmarkt steht, wird beim *indirekten Export* vom Hersteller ein inländisches Außenhandelsunternehmen eingeschaltet. Dieses Außenhandelsunternehmen ist meist auf ein bestimmtes Produkt oder einen Leistungsbereich bzw. auf eine bestimmte Ländergruppe spezialisiert. Es verfügt üblicherweise über langjährige Erfahrungen und gute Kontakte, die dem exportwilligen Unternehmen zugute kommen können.

**Ein Exporthaus exportiert für Sie**

Die Zusammenarbeit mit einem inländischen Außenhandelsunternehmen bedeutet für den exportsuchenden Unternehmer, daß er den Aufbau von bestimmten Auslandsmärkten dem Außenhandelsunternehmen überläßt. Für ihn stellt sich in diesem Fall das Exportgeschäft als ein reines Inlandsgeschäft dar, da er seine Ware an dieses Außenhandelsunternehmen verkauft und die gesamte weitere Exportabwicklung, wie z. B. Transport zum Auslandsmarkt, Vertrieb im Auslandsmarkt, Zahlungsabwicklung, Kreditversicherung) dem Auslandsunternehmen überläßt.

Der Hersteller stellt seine Warenlieferung dem Außenhandelsunternehmen üblicherweise in DM in Rechnung (häufig FOB Seehafen) und wickelt das Geschäft insgesamt wie ein normales Inlandsgeschäft ab.

Gegenüber dem direkten Export sind mit dem indirekten

Export bestimmte Vor- und Nachteile verbunden. Aus der spezifischen Gewichtung dieser Vor- und Nachteile ergibt sich für den exportwilligen Unternehmer die Entscheidung *für* oder *gegen* eine dieser beiden Exportformen. Es entfallen beim indirekten Export z. B. folgende kostenverursachende und mit Risiko behaftete Faktoren:
– Information über den Auslandsmarkt
– Geschäftsanbahnung im Auslandsmarkt
– Aufbau einer eigenen Exportabteilung
– Aufbau des Auslandsvertriebs incl. Service
– Finanzierung des Auslandsabsatzes
– Exportkredit-Versicherung

Dagegen können gegenüber dem direkten Export folgende Nachteile verbunden sein:
– Gefahr, daß aufgrund mangelnder Marktkenntnisse die Produkte nicht den Erfordernissen des Auslandsmarktes entsprechen
– Zusätzliche Handelsgewinne verbleiben beim Außenhandelsunternehmen
– Abhängigkeit von Verkaufskontakten und Verkaufserfolgen des Außenhandelsunternehmens
– Aufbau eines eigenen Image im Ausland unterbleibt

In der täglichen Praxis ist häufig zu beobachten, daß für bestimmte kleinere und entfernt liegende Märkte der indirekte Absatzweg gewählt wird, während das exportorientierte Unternehmen leicht erreichbare attraktive Auslandsmärkte selbst bearbeitet.

### Lizenzvergabe

Soweit sich der Export, z. B. aus Kostengründen nicht lohnt, besteht die Möglichkeit, die Produktion im Wege der *Lizenzvergabe* auf ein im Ausland ansässiges Unternehmen zu übertragen. **Lizenzvergabe gewinnt an Bedeutung**

Hier wird also nicht das Produkt selbst exportiert, sondern normalerweise das patentrechtlich geschützte Know-how des Produzenten.

Der ausländische Lizenznehmer erhält mit dem Lizenzvertrag

das Recht, die Produktion und den Vertrieb des Lizenzproduktes in eigener Regie in einem oder mehreren Auslandsmärkten durchzuführen. Als Gegenleistung zahlt er für die Laufzeit des Lizenzvertrages eine festgelegte Lizenzgebühr.

Neben Kostengesichtspunkten sind es in zunehmendem Maße auch die Forderungen von Entwicklungsländern nach einer eigenen Produktion, die für eine Lizenzvergabe sprechen. Außerdem können bestimmte länderspezifische Produktanforderungen, die vom Hersteller nicht erfüllbar sind, den Export des Know-how sinnvoll erscheinen lassen.

Der Export von Lizenzen anstelle der betreffenden Produkte hat demnach für den Lizenzgeber den Vorteil, daß ein für ihn nicht oder nur schwer zugänglicher Markt zusätzlich erschlossen werden kann.

Andererseits stehen diesen Vorteilen verschiedene Nachteile gegenüber, die im wesentlichen in der Vertragstreue des Lizenznehmers und in den begrenzten Kontrollmöglichkeiten des Lizenzgebers begründet sind.

Daher empfiehlt es sich, diesen Absatzweg nur dann zu wählen, wenn die Möglichkeiten des direkten oder indirekten Exportes ausgeschlossen sind und das Unternehmen eine Direktinvestition in eine ausländische Produktions- und Vertriebsstätte nicht vornehmen möchte.

### Auslandsfiliale

**Auslandsfiliale auch für mittlere Unternehmen**

Neben dem direkten oder indirekten Export ist die Direktinvestition, d. h. die *Gründung einer ausländischen Produktions- und Vertriebsstätte* die bedeutendste Alternative für ein Unternehmen, um Absatzmöglichkeiten in einem ausländischen Markt zu erschließen. Diese Möglichkeit wird nicht nur von großen Unternehmen genutzt, sondern in zunehmendem Maße wählen auch mittlere und kleinere Unternehmen diesen Weg, um ihre häufig schon gute Marktstellung im Auslandsmarkt zu festigen und abzusichern.

Neben der kapitalmäßigen Beteiligung an einem bestehenden Unternehmen gibt es die Möglichkeit, zusammen mit einem Partner des betreffenden Landes ein gemeinschaftliches

Unternehmen (Joint Venture) zu gründen, oder aber eigene Niederlassungen zu errichten.

Das bedeutendste Argument für eine Direktinvestition im Ausland ist die größere Nähe zum Absatzmarkt, die sowohl absatzpolitische Vorteile als auch Kostenvorteile mit sich bringt.

Üblicherweise wird die Gründung einer ausländischen Produktions- und Vertriebsstätte erst dann erwogen, wenn inzwischen umfangreiche Erfahrungen in diesem Markt gesammelt wurden. In Zusammenarbeit mit Handelsvertretern oder Händlern wurden bereits tragfähige Kundenkontakte aufgebaut. Sobald ein bestimmtes Verkaufsvolumen in diesem Markt erreicht wird, sind es oftmals neben marktpolitischen Überlegungen auch Kostengesichtspunkte, die die Gründung einer eigenen Auslandsfiliale sinnvoll erscheinen lassen.

### 4.3.3 Den richtigen Vertriebspartner suchen und auswählen

Sobald Sie sich für den Einstieg in einen bestimmten Auslandsmarkt entschlossen haben und die Entscheidung für den bestgeeigneten Vertriebsweg feststeht, gilt es nun, geeignete Geschäftspartner in diesem Markt zu suchen. Bei diesen Partnern kann es sich je nach dem Leistungsangebot und nach der Zielsetzung des Unternehmens um Handelsunternehmen, Absatzmittler oder auch um Endverbraucher handeln.

Von den zahlreichen Möglichkeiten, sich Adressen von potentiellen Geschäftspartnern zu besorgen, seien nachfolgend nur die wichtigsten genannt:
- Überprüfung des bei den IHK vorhandenen Adressenmaterials
- Auswahl von Anschriften, die bei der BfAI erhältlich sind
- Auftrag an die betreffende AHK zur Beschaffung der gewünschten Adressen
- Kontaktaufnahme mit dem betreffenden Handelsvertreterverband
- Inserate in ausländischen Medien
- Besuch von Messen im In- und Ausland

- Adressennachweis durch Spezialverlage
- Anfrage bzw. Mitgliedschaft bei Ländervereinen
- Einschaltung eines Kreditinstituts mit internationalen Verbindungen

Die auf diese Weise gewonnenen Kontaktadressen müssen nun auf ihre Eignung und auf ihre Bonität hin überprüft werden. Auch hier ist zu empfehlen, stufenweise vorzugehen mit dem Ziel, eine Rangordnung der potentiellen Geschäftspartner zu erhalten.

### 1. Stufe: Selbstauskunft

**Erst prüfen, dann wählen**

Im Rahmen der ersten schriftlichen Kontaktaufnahme empfiehlt es sich, vom potentiellen Geschäftspartner wichtige Daten in Erfahrung zu bringen. Hierzu können in dieser ersten Stufe z. B. zählen:
- Wie lange existiert das Unternehmen?
- Welche Geschäftsverbindungen bestehen in welchem geographischen Bereich zu Abnehmern?
- Welche anderen in- und ausländischen Firmen werden bereits vertreten?
- Über welches kaufmännische und technische Personal und über welche Vertriebsmöglichkeit verfügt das Unternehmen?
- Existieren bereits Erfahrungen mit vergleichbaren Produkten?

Erfahrungsgemäß ist es einfacher, zuverlässige Antwort auf diese Fragen dann zu erhalten, wenn das eigene Unternehmen zunächst kurz vorgestellt wird, wenn der Zweck der Anfrage benannt wird und wenn auf den möglichen Nutzen, der sich aus der beabsichtigten Zusammenarbeit für das ausländische Unternehmen ergeben kann, hingewiesen wird. Die Erfahrung zeigt, daß es zweckmäßig ist, wenn derartige Schreiben kurz vor einer im betreffenden Ausland stattfindenden Fachmesse versandt werden. In diesem Schreiben kann dann bereits auf einen möglichen persönlichen Kontakt anläßlich der Messe hingewiesen werden.

Oftmals sind derartige Anfragen erfolgreicher und werden

häufig auch schneller beantwortet, wenn sie nicht in Form eines Schreibens, sondern als Telex aufgegeben werden.

Sobald die Antworten der angesprochenen Unternehmen vorliegen, kann bereits vielfach anhand der gewonnenen Informationen eine erste Vorauswahl getroffen werden.

### 2. Stufe: Absicherung und Vertiefung der Informationen

Vor einer persönlichen Kontaktaufnahme ist es sinnvoll, die in der ersten Stufe bereits genannten Informationen abzusichern und zu vertiefen. Speziell gilt es nun, die finanziellen und wirtschaftlichen Verhältnisse und den Ruf der ausgewählten Unternehmen zu überprüfen. Hierzu ist es notwendig, einen oder mehrere der nachfolgend genannten Informationsträger einzuschalten:

**Ihr Auslandsabsatz ist nur so gut wie Ihr Auslandspartner**

- Die Auslandshandelskammer des betreffenden Landes bzw. die deutsche Botschaft
- International arbeitende Auskunfteien
- Kreditinstitute mit internationalen Verbindungen
- Deutsche Firmen, die bereits über Kontakte zum betreffenden Land verfügen

Aufgrund dieser Informationen ist eine weitergehende Auswahl der potentiellen Geschäftspartner normalerweise möglich. Bevor nun eine Terminvereinbarung für die erste persönliche Kontakaufnahme getroffen wird, empfiehlt es sich, diese Gespräche gründlich vorzubereiten und durch weitere Informationen abzusichern.

Hiermit kann das Ergebnis der meist notwendig werdenden teuren Auslandsreise weitgehend vorbestimmt werden.

### 3. Stufe: Vertragsvorbereitung

Dem ausländischen Unternehmen sollte nun mitgeteilt werden, daß man an einer Zusammenarbeit interessiert ist und daß der Wunsch besteht, einen geeigneten Termin für eine erste persönliche Kontaktaufnahme zu vereinbaren. Es ist angebracht, nun weitere Informationen über das eigene Unternehmen mitzuteilen (Prospekte, Verkaufsunterlagen, Firmenbild usw.).

Außerdem ist es von Vorteil, wenn ein Vertragsentwurf (z. B. Handelsvertreter-Vertrag) vorab von beiden Seiten weitgehend abgestimmt wird.

Die Vertrags- und Verhandlungsgepflogenheiten im betreffenden Auslandsmarkt sind rechtzeitig abzuklären und bei der Reiseplanung zu berücksichtigen.

**Meist ein langer und mühseliger Weg**

Die gut vorbereitete erste persönliche Kontaktaufnahme zum Geschäftspartner ist eine unabdingbare Basis für die engere und meist auch erfolgreiche Zusammenarbeit.

Die Suche, Auswahl und Kontaktanbahnung zu ausländischen Geschäftspartnern stellt also einen *zeitaufwendigen*, mehrschichtigen Prozeß dar. Je systematischer, gezielter und planvoller dieser Prozeß vorangetrieben wird, desto sicherer kann ein Erfolg des Auslandsengagements erwartet werden.

Ein allgemein gültiges, zuverlässig wirkendes Erfolgsrezept für die Vorgehensweise bei der Geschäftsanbahnung im Auslandsmarkt ist nahezu unmöglich. Dazu sind die einzelnen Fälle zu unterschiedlich gelagert. Die dargestellten Hinweise sollen dazu beitragen, für die individuelle Vorgehensweise Orientierungshilfe zu geben. Letztlich wird es von der Dynamik, dem Ideenreichtum, der Flexibilität und der Beharrlichkeit des exportwilligen Unternehmens selbst abhängen, wie schnell und wie nachhaltig geschäftliche Auslandskontakte hergestellt und erfolgreich ausgebaut werden können.

## 4.4 Was Sie vor der ersten Lieferung beachten sollten

Das Stadium der Kontaktanbahnung zu einem Exportmarkt findet ihr vorläufiges Ende mit dem Abschluß eines Kaufvertrages, mit dem im Exportmarkt gewonnenen Handelspartner.

Der übliche Geschäftsablauf, der im Außenhandel zu einem Kaufvertrag führt, besteht aus folgenden Stufen:
1. Anfrage des Auslandskunden
2. Angebot des Exporteurs

Verkauf auf Auslandsmärkten 97

3. Auftrag des Auslandskunden
4. Auftragsbestätigung des Exporteurs

Aber auch schon die Stufe 2 und 3 genügen bei übereinstimmenden Willenserklärungen für das Zustandekommen eines Kaufvertrages.

### 4.4.1 Verschiedene Möglichkeiten von Auslandsanfragen

Eine Anfrage aus dem Ausland ist meist gezielt auf ein bestimmtes Produkt aus dem Produktionsprogramm des Exporteurs gerichtet. Sie kann z. B. Ergebnis einer Beteiligung des Unternehmens an einer internationalen Messe sein oder einer Annonce in einer Auslandszeitschrift.

Häufig erreichen den Exporteur aber auch Anfragen, die offensichtlich erkennen lassen, daß sie in dieser Form auch an viele *andere* Hersteller verschickt wurden. Meist hat der ausländische Interessent eine Vielzahl von Lieferanschriften dem Branchenverzeichnis entnommen, und er versucht nun, sich über seine breit gestreute Nachfrage einen Überblick über das am Markt vorhandene Produktangebot zu verschaffen. Die Wahrscheinlichkeit, daß eine derartige Anfrage zu einem Auftrag führt, ist meist wesentlich geringer als bei der gezielten Anfrage.

Neben diesen beiden Möglichkeiten der Auslands-Anfrage gibt es noch die Nachfrage in Form einer Ausschreibung. Üblicherweise fordern auf diese Weise ausländische Behörden, staatliche oder kommunale Betriebe, aber auch private Unternehmen zur Angabe von Angeboten auf. Die Ausschreibungsbedingungen werden entweder veröffentlicht oder können gegen Gebühr in einem sogenannten Lastenheft (Tender) von der ausschreibenden Stelle angefordert werden.

### 4.4.2 Das Exportangebot

Auf die gezielte Anfrage des ausländischen Interessenten empfiehlt es sich für den Exporteur, ein aussagefähiges Angebot auszuarbeiten. Dieses sollte in der Sprache des betreffenden Landes, zumindest aber in Englisch, in Französisch oder in Spanisch abgefaßt sein. Neben einer detaillierten Beschreibung des Produktes sollten alle zum Verständnis notwendigen Verkaufsunterlagen (Prospekte, Bedienungsanleitungen usw.) beigefügt werden. Auch diese Unterlagen sollten in der Sprache, die für das Angebot gewählt wurde, abgefaßt sein.

**Das Angebot sollte alle wesentlichen Punkte umfassen**

Es ist zweckmäßig, bereits im *Angebot* alle Punkte, die als Vertragsbestandteil festgelegt werden sollen, zu formulieren. Bei einer eventuellen Annahme dieses Angebots durch den ausländischen Geschäftspartner ist dann ein wirksamer, alle geschäftlichen Teilbereiche regelnder Vertrag zustande gekommen. Bei einem *lückenhaften* Angebot dagegen müssen im Nachhinein die bisher noch offenen Vertragspunkte abgestimmt werden, was meist mit einem unerwartet hohen Zeitaufwand verbunden ist und in vielen Fällen auch schon zu einem Abbruch der begonnenen Verhandlungen geführt hat.

Folgende wesentliche Bestandteile sollte der Kaufvertrag im Außenhandel beinhalten.

*Lieferbedingungen mit:*
Liefermenge,
Versandart,
Qualität,
Verpackung,
Markierung,
Lieferfrist,
Preisssstellung,
Lieferkonditionen.

*Zahlungsbedingungen*

*Sonstige Vereinbarungen mit:*
Eigentumsvorbehalt,
Erfüllungsort,
Gerichtsstand
Schiedsgerichtsbarkeit,
Gewährleistung,
höherer Gewalt,
Gültigkeit des Angebots.

Folgende Hauptpunkte sollen nun näher erläutert werden:

### 4.4.3 Lieferbedingungen im Außenhandel

Unter Lieferbedingungen wird ein Bündel von Vertragsformulierungen verstanden, die zwischen dem Käufer und dem Verkäufer verbindlich regeln sollen, was, wann, wie und wohin zu liefern ist. Im Laufe der Zeit haben sich in den einzelnen Ländern unterschiedliche Interpretationen von Lieferbedingungen herausgebildet, was dazu führte, daß die Vertragsgestaltung und die Vertragsinterpretation im Außenhandel erheblich komplizierter wurde.

Mit dem Ziel, die Abwicklung des internationalen Handels zu erleichtern und klare rechtliche Beziehungen zwischen den Vertragsparteien zu ermöglichen, wurden von verschiedenen Institutionen Erleichterungen ausgearbeitet und vorgeschlagen, von denen sich bisher die folgenden international am deutlichsten durchsetzen konnten: **Erleichterung der Vertragsformulierung**

**ECE-Lieferbedingungen:**

Sie wurden von der Europäischen Wirtschaftskommission der Vereinten Nationen (ECE) herausgegeben. Sie stellen eine Formulierungshilfe für die Ausarbeitung von Angeboten und Verträgen über den Export von Maschinen und Anlagen sowie von langlebigen Verbrauchsgütern dar.

**Incoterms:**

Diese »International Commercial Terms« wurden von der Internationalen Handelskammer Paris ausgearbeitet. Es handelt sich hierbei um international anerkannte Regeln zur Auslegung bestimmter im Außenhandel gebräuchlicher Vertragsformeln.

**Tradeterms:**

Soweit die Incoterms bei der Formulierung von Verträgen nicht verwendet wurden, werden bei Auslegungsschwierigkeiten die Tradeterms herangezogen. Hierbei handelt es sich um nationale Handelsbräuche, die sich im Liefergeschäft zwischen den einzelnen Ländern herausgebildet haben.

### 4.4.4 Besonderheiten der Preisbildung in Auslandsmärkten

Wie auch auf dem Inlandsmarkt, so wird der preispolitische Spielraum eines Anbieters auf Auslandsmärkten durch vielfältige Faktoren bestimmt und eingeengt.

Zunächst sind es die Kosten und die Gewinnvorstellungen, mit denen ein Maß für die Preisuntergrenze vorgegeben ist.

Daneben sind die preispolitischen Maßnahmen der Konkurrenz zu berücksichtigen, die bei transparenten Märkten einen starken Einfluß auf die eigene Preisgestaltung ausüben.

Aber auch von Art und Anzahl der potentiellen Abnehmer sowie von deren Nutzvorstellungen wird das eigene preispolitische Verhalten normalerweise wesentlich beeinflußt. Je höher z. B. der Nutzen ist, den das Warenangebot dem Abnehmer bietet, desto höhere Preise wird er normalerweise zu zahlen bereit sein. Auch die technische Entwicklung und die kulturellen Gepflogenheiten eines Landes werden unter diesen Gesichtspunkten vom Exporteur vorrangig zu analysieren sein.

**Exportaufschläge**

Die Außenhandelskalkulation wird meist in Form der *Zuschlagskalkulation* (progressive Kalkulation) durchgeführt. Hierbei werden zu den bekannten Selbstkosten des Herstellers alle durch den Export verursachten zusätzlichen Kosten (Verpackung, Transport, Versicherung, Zahlungssicherung usw.) addiert. Man erhält den Angebotspreis, der alle Kosten deckt. Mit der progressiven Kalkulation lassen sich alle Preisstellungen gemäß den Incoterms-Klauseln ermitteln.

Soweit der Verkaufspreis auf einem Auslandsmarkt durch die Konkurrenz vorgegeben ist, kann der Exporteur mit der retrograden Kalkulationsmethode feststellen, ob diese Verkaufspreise nach Abzug der verschiedenen Kosten noch die Selbstkosten decken.

Folgende den Preis beeinflussende Faktoren werden nach meinen Beobachtungen bei der Kalkulation von Auslandspreisen häufig vergessen oder zu gering bewertet:
- Finanzierungskosten
- Kosten der Zahlungsabwicklung
- Nützliche Abgaben
- Verhandlungsmarge.

Bei den Finanzierungskosten handelt es sich um die Zinsen vom Zeitpunkt der Lieferung bis zum Zahlungseingang. Die Finanzierungskosten der Produktion sollten dagegen bereits in den Selbstkosten enthalten sein.

Die Kosten der Zahlungsabwicklung beinhalten z. B. *alle* Bankgebühren, evtl. anfallenden Wechseldiskont und Devisencourtage. Die Bankgebühren, die z. B. mit der Abwicklung eines bankbestätigten unwiderruflichen Akkreditivs verbunden sind, können bis 1,5 % des Rechnungsbetrages ausmachen.

Je nach Handelsbrauch in dem betreffenden Verkaufsland sollte der Exporteur neben diesen Kosteneinflußfaktoren zwei weitere Positionen bei der Kalkulation seines Angebotspreises berücksichtigen. Einmal sind ggf. die »nützlichen Abgaben« zu berücksichtigen, die vielfach gezahlt werden, um z. B. Aufträge zu erlangen oder um die Abwicklung des gesamten Geschäftes zu beschleunigen. Zum anderen ist es häufig angebracht, bei den Angebotspreisen eine Verhandlungsmarge einzukalkulieren, die es dem Exporteur im Laufe der Vertragsverhandlungen ermöglicht, Preiszugeständnisse zu akzeptieren, ohne daß hierdurch die kalkulierte Gewinnmarge beeinflußt wird.

### 4.4.5 Absicherung der Zahlungseingänge

Ein noch so interessant erscheinendes Auslandsgeschäft hat sich für den Exporteur erst dann gelohnt, wenn er über den Rechnungsbetrag verfügen kann. Das Risiko des Zahlungseingangs kann bei Auslandsgeschäften wesentlich höher sein, als bei Inlandsgeschäften. Dies kann einmal in den unüberschaubaren wirtschaftlichen Gegebenheiten des im Ausland ansässigen Kunden begründet sein, zum anderen aber in der politischen Situation des Käuferlandes (wirtschaftliches Risiko und politisches Risiko).

In der Praxis haben sich zur *Absicherung* des Zahlungseingangs die folgenden Absicherungsmöglichkeiten bewährt.

### Bonitätsprüfung

Eine gründliche Überprüfung der Bonität des Geschäftspartners vor Abschluß eines Kaufvertrages erscheint in jedem Fall dringend angeraten.

Hierbei bedienen sich viele exportierende Unternehmen eines mehrstufigen Verfahrens der Informationsbeschaffung. Von den nachfolgenden Methoden der Informationsgewinnung werden von diesen Unternehmen mindestens 2, üblicherweise 3 Methoden gleichzeitig angewendet, um den Wert der erhaltenen Aussagen überprüfen und absichern zu können:
1. Selbstauskunft
2. Benennung von Referenzen
3. Einschaltung einer Handelsauskunftei
4. Bankauskunft
5. Auskunft einer Auslandshandelskammer (AHK)
6. Auskünfte von Auslandsvertretern/Händlern

**Der beste Vertrag ist nur so gut wie die Vertragspartner**

Diese mehrschichtige Überprüfung der Kreditwürdigkeit sollte nicht nur vor Beginn des Vertragsverhältnisses durchgeführt werden, sondern möglichst auch im regelmäßigen Turnus, z. B. einmal pro Jahr.

### Vereinbarung einer geeigneten Zahlungsbedingung

Ein höchstmögliches Maß an Sicherheit ist dann gegeben, wenn es gelingt, eine der beiden folgenden Zahlungsbedingungen zu vereinbaren:
– Vorauszahlung
– Unwiderrufliches bankbestätigtes Akkreditiv.

Wenn der Exporteur im Liefervertrag eine Vorauszahlung durchsetzen konnte, erhält er den Rechnungsbetrag bereits vor der Lieferung. Damit entfällt für ihn das Risiko des Zahlungseinganges und er hat die Möglichkeit, den Rechnungsbetrag zur Finanzierung seiner Lieferung zu verwenden. Der Exporteur wird diese für ihn günstige Zahlungsbedingung üblicherweise nur dann vereinbaren können, wenn er eine monopolartige Marktstellung besitzt.

Beim Akkreditiv handelt es sich üblicherweise um die Zahlungszusage einer Bank. Diese Zusage erhält der Exporteur vor dem Versand der Ware. Sobald der Exporteur die im Akkreditiv gestellten Bedingungen erfüllt, erhält er bei Vorlage der vereinbarten Dokumente die Zahlung durch die Bank. Beim bestätigten Akkreditiv erhält der Exporteur das Zahlungsversprechen einmal durch die Bank des Importeurs (Akkreditiv-Bank). Neben dieser Bank tritt die Bank des Exporteurs (avisierende Bank) und bestätigt dem Exporteur die Zahlung aus dem Akkreditiv. **Absicherung durch Akkreditiv-Zahlung**

Die bestätigende Bank *haftet* dem Exporteur neben der Akkreditiv-Bank für die *Einlösung* der akkreditivgerechten Dokumente. Damit kann der Exporteur entweder die ausländische Bank oder die heimische Bank aus dem Akkreditiv in Anspruch nehmen. Die Bezahlung durch ein bestätigtes Dokumenten-Akkreditiv stellt somit nach der Vorauszahlung die nächstbeste Lösung für den Exporteur zur Absicherung des Zahlungseingangs dar.

**Abschluß einer Exportkreditversicherung**

Sowohl die wirtschaftlichen Risiken, als auch die politischen Risiken, die sich mit der Abwicklung eines Exportgeschäftes ergeben können, lassen sich versichern. Während die wirtschaftlichen Risiken von privaten Versicherungsgesellschaften abgedeckt werden können, stehen in Deutschland wie auch in den meisten anderen Staaten für die Absicherung der politischen Risiken ausschließlich staatliche Exportkreditversicherungen zur Verfügung. Mit diesem Kreditsicherungssystem wird es dem Exporteur ermöglicht, auch zu politisch instabilen Ländern Geschäftskontakte aufzunehmen und aufrechtzuerhalten.

Versichert wird nicht der gesamte Rechnungsbetrag, sondern meist nur 70–90 % hiervon. Im Falle einer Inanspruchnahme der Versicherung muß der Exporteur den »nichtgedeckten **Nicht alles ist versicherbar**

Differenzbetrag« selbst übernehmen. Üblicherweise decken sowohl die privaten, als auch die staatlichen Kreditversicherungen jedoch nur Geschäfte mit *überschaubaren* Risiken ab. Es ist in den Ermessensspielraum des Exporteurs gestellt, ob er wirtschaftlich unsichere Kunden in politisch instabilen Ländern beliefert. Diese Kunden lassen oft weder eine Vorauszahlung noch die Zahlung durch ein bankbestätigtes unwiderrufliches Akkreditiv zu. Andererseits werden sie weder durch eine staatliche, noch durch eine private Exportkreditversicherung versichert. Damit geht der Exporteur ein unkalkulierbares Risiko ein.

### 4.4.6 Zahlungsbedingungen

Die Zahlungsbedingungen im Außenhandelsgeschäft regeln wann und unter welchen Bedingungen der Abnehmer den Kaufpreis zu zahlen hat.

**Zahlungsabwicklung und Zahlungssicherung**

In den gebräuchlichsten Zahlungsbedingungen werden neben der Regelung der Zahlungsabwicklung auch noch in unterschiedlich starkem Ausmaß der Zahlungseingang für den Exporteur und der Liefereingang für den Importeur abgesichert. Außerdem werden Kredit- und Zahlungskosten zwischen den Vertragspartnern verteilt sowie die Zahlungsart und der Zahlungsweg fest vereinbart.

In zunehmendem Maße stellen neben dem vertraglich vereinbarten Preis die Zahlungsbedingungen einen bedeutenden Wettbewerbsfaktor im Außenhandelsgeschäft dar. Viele Geschäfte – insbesondere mit kapital- und devisenschwachen Ländern – kommen nur noch zustande, wenn der Exporteur bereit ist, längere Zahlungsziele anzubieten, als der Wettbewerb.

Andererseits stellt der Zahlungseingang, gerade aus derartigen Ländern, für den Exporteur ein erhebliches Risiko dar, welches er durch geeignete Zahlungsbedingungen und/oder Kreditversicherungen verringern muß. Die hiermit verbundenen Kosten, die in der Kalkulation zu berücksichtigen sind, engen den Wettbewerbsspielraum zusätzlich ein.

Üblicherweise ist der Exporteur an einer Zahlungsbedingung interessiert, die ihm den Zahlungseingang möglichst frühzeitig – am besten noch vor Lieferung der Ware – verspricht. Der Importeur ist dagegen daran interessiert, erst die vertragskonforme Ware zu erhalten, um dann – möglichst noch mit einem längeren Ziel – zu zahlen.

Die tatsächlich vereinbarte Zahlungsbedingung wird jeweils ein Kompromiß zwischen diesen Extremen darstellen. Ausschlaggebend werden z. B. die Marktstellung des Exporteurs/Importeurs, die Zahlungsgewohnheiten der Branche oder die politischen Rahmenbedingungen sein.

Die gebräuchlichsten Zahlungsbedingungen im Außenhandel sind:
– Vorauszahlung/Anzahlung
– Dokumenten-Akkreditiv
– Dokumenten-Inkasso
– Zahlung nach Erhalt der Ware
– Zahlung mit längerfristigem Lieferantenkredit

In dieser dargestellten Reihenfolge tritt mit jeder folgenden Zahlungskondition eine Verschlechterung für den Exporteur ein.

Es erhöht sich nicht nur das Risiko des Zahlungseinganges, sondern es vergrößert sich auch der vom Exporteur zu finanzierende Zahlungszeitraum. Für den Importeur gilt das gleiche in umgekehrter Reihenfolge.

### 4.4.7 Eigentumsvorbehalt

Im deutschen Recht geht das Eigentum an einer verkauften Sache in der Regel mit der Übergabe an den Käufer auf diesen über. Ist der Kaufpreis zu diesem Zeitpunkt noch nicht gezahlt, so kann sich der Verkäufer nach deutschem Recht das Eigentum an der Ware bis zur vollständigen Bezahlung vorbehalten.

Auch im Außenhandel versuchen viele Exporteure, den Eigentumsvorbehalt unter Bezugnahme auf ihre »Allgemeinen Geschäftsbedingungen« durchzusetzen.

Da der Eigentumsvorbehalt des deutschen Rechts in den meisten Ländern jedoch unbekannt ist, muß in jedem Fall geprüft werden, ob und auf welche Weise diese Sicherungsmöglichkeit im betreffenden Land besteht.

**Ihre AGB finden nicht immer Eingang in den Auslandsvertrag**

In diesem Zusammenhang möchte ich auch auf einen häufigen Fehler hinweisen, den viele Exporteure bei der Verwendung ihrer jeweiligen *Allgemeinen Geschäftsbedingungen (AGB)* begehen:

Die AGB sind häufig auf der Rückseite von Angeboten abgedruckt und der Exporteur glaubt, durch Hinweise auf seine AGB diese zur Grundlage des Geschäfts machen zu können. Auf diese Weise versucht er, eine gegenüber den deutschen rechtlichen Regelungen günstigere vertragliche Situation für sich zu schaffen.

Da bei den meisten Ländern der Schutz des Käufers größer ist als in Deutschland, gelten die AGB in vielen Ländern nur dann, wenn sie von dem ausländischen Partner unterzeichnet und ausdrücklich akzeptiert wurden.

Es ist daher jeweils zu prüfen, ob und unter welchen Umständen die AGB im jeweiligen Käuferland gültig sind.

### 4.4.8 Schiedsgerichtsbarkeit

Kommt es über die Auslegung von mit ausländischen Partnern geschlossenen Kaufverträgen zu Schwierigkeiten, versagt häufig der Weg über die öffentliche Gerichtsbarkeit, die bei uns im innerdeutschen Verkehr meistens praktiziert wird.

Da die Wirksamkeit von gerichtlichen Entscheidungen grundsätzlich auf das Gebiet desjenigen Staates begrenzt ist, dessen Gericht sie erlassen hat, ist die Vollstreckung der von deutschen Zivilgerichten erlassenen Urteile im Ausland nur mit solchen Ländern möglich, mit denen Deutschland Vollstreckungsabkommen geschlossen hat. In Ländern, mit denen derartige Abkommen nicht bestehen, richtet sich die Anerkennung und Vollstreckung deutscher Urteile nach dem innerstaatlichen Recht des betreffenden Landes.

Die hiermit verbundenen möglichen Probleme können durch die Vereinbarung von Schiedsklauseln weitgehend ausgeschaltet werden.

Durch vertragliche Vereinbarung können die Vertragsparteien übereinkommen, daß zur Regelung evtl. Rechtsstreitigkeiten nicht ein staatliches Gericht eingeschaltet wird, sondern ein Schiedsgericht.

Inzwischen werden bereits 90 % aller Rechtsstreitigkeiten im Auslandsgeschäft von Schiedsgerichten erledigt. Insbesondere bei bedeutenden internationalen Verträgen ist es üblich geworden, Schiedsgerichtsklauseln zu vereinbaren, bzw. dem Vertrag einen besonderen Schiedsvertrag anzuhängen.

Mit der Schiedsklausel verpflichten sich die vertragsschließenden Parteien bei allen sich aus dem Vertrag ergebenden Streitigkeiten, ein bestimmtes Schiedsgericht anzurufen.

Schiedsgerichte befinden sich bei verschiedenen Handelskammern, bei Börsen, Verbänden, nationalen Instanzen usw. Zu den bekanntesten internationalen Schiedsgerichten gehört der Schiedsgerichtshof der Internationalen Handelskammer in Paris.

Die Vereinbarung von Schiedsklauseln beim Abschluß von internationalen Verträgen hat gegenüber einem Verfahren vor staatlichen Gerichten folgende Vorteile: **Vorteile von Schiedsverfahren**
1. Die Vertragsparteien können branchenerfahrene Fachleute zu Schiedsrichtern bestellen.
2. Ein Urteil vor einem Schiedsgericht kommt normalerweise schneller zustande, als vor einem staatlichen Gericht.
3. Die Sitzungen sind vertraulich.
4. Die Anerkennung und Vollstreckung ausländischer Schiedsurteile ist durch mehrere internationale Abkommen geregelt.

Diesen Vorteilen steht der Nachteil gegenüber, daß es bei Schiedsverfahren normalerweise nur eine Instanz gibt, was dazu führen kann, daß u. U. auch offensichtlich unrichtige Schiedssprüche von den Vertragsparteien akzeptiert werden müssen.

## 4.5 Wer berät und informiert?

Da der Verkauf auf Auslandsmärkten üblicherweise mit Risiken behaftet sein kann, die im ausländischen Markt unbekannt sind, sollte der Exporteur bei Anbahnung und Ausbau seiner Exportgeschäfte möglichst auf Erfahrungen zurückgreifen, die vor ihm schon andere gemacht haben. Diese Hilfestellungen sind meist kostenlos oder aber sehr preisgünstig erhältlich und können oftmals zur Absicherung des Exportgeschäftes erheblich beitragen.

### 4.5.1 Rat und Tat von auslandserfahrenen Partnern

**Außenhandelsleiterkreis**

Auf das Leistungsangebot der in Deutschland angesiedelten Industrie- und Handelskammern wurde bereits hingewiesen. In diesem Zusammenhang möchte ich insbesondere eine Einrichtung erwähnen, die sich bei vielen Handelskammern inzwischen sehr bewährt hat. Es handelt sich hierbei um das regelmäßige Zusammentreffen der Außenhandelsleiter interessierter Firmen, die in einem zwanglosen Informationsaustausch über aktuelle Erfahrungen in Auslandsmärkten berichten. Die für Sie zuständige Handelskammer wird sicherlich gerne Auskunft darüber geben, ob auch hier ein derartiger Kreis von Außenhandelsleitern etabliert ist.

### 4.5.2 Deutsche Handelskammern im Ausland (Auslandshandelskammern)

Auch auf das Leistungsangebot der deutschen Handelskammern im Ausland habe ich bereits hingewiesen.

**Auch hier ist der persönliche Kontakt wichtig**

Viele erfolgreiche Exporteure haben es sich zur Angewohnheit gemacht, bei Auslandsaufenthalten auch der in diesem Land ansässigen deutschen Auslandshandelskammer einen kurzen Besuch abzustatten. Hierdurch wird das Verhältnis zwischen Exporteur und den ins Ausland vorgeschobenen Positionen, die deutsche Interessen vertreten, gestärkt. Wichtige aktuelle Informationen können anläßlich dieser kurzen Besuche gewonnen werden. Der persönliche Kontakt zum

Leiter der Außenhandelskammer, der anläßlich dieser Besuche aufgebaut werden kann, ist oftmals eine tragfähige Basis für die sichere Abwicklung des Auslandsgeschäftes.

### 4.5.3 Bundesstelle für Außenhandelsinformation (BfAI)

Auch diese Dienststelle des Bundesministeriums für Wirtschaft leistet beim Aufbau und Absicherung von Auslandsgeschäften wertvolle Hilfe. Neben den regelmäßig erscheinenden Publikationen ist es jederzeit möglich, mit den einzelnen Sachgebietsleitern telefonisch Kontakt aufzunehmen, um aktuelle Tips und Hilfestellungen zu erhalten.

### 4.5.4 Banken

Inzwischen haben nahezu alle in Deutschland ansässigen Banken einen gut funktionierenden Service für die Unterstützung deutscher Exporteure aufgebaut. Dieser erstreckt sich von der Bereitstellung von Länderberichten über den Nachweis von Lieferanten und Abnehmern und Vertretern bis hin zur Beratung über Finanzierung und Zahlungsabwicklung von Auslandsgeschäften.

Besonders nützlich ist es, wenn Auslandsfilialen unterhalten werden, die Informationen und Erfahrungen direkt »vor Ort« *sammeln* und dadurch in der Lage sind, dem Exporteur länderspezifische und aktuelle Hilfestellung zu geben.

Auch die persönliche Kontaktaufnahme zu der Auslandsvertretung Ihrer Hausbank anläßlich einer von Ihnen durchgeführten Auslandsreise kann zu wertvollen persönlichen Kontakten führen und zu Informationen, die üblicherweise nicht im Bankenapparat veröffentlicht werden. **Nützen Sie die persönlichen Kontakte anderer**

### 4.5.5 Speditionen

Auch große international arbeitende Speditionen stellen ihren Kunden Länderberichte, Marktinformationen zur Verfügung und beraten über Verpackung, Transport und Zollabwicklung usw.

Je *ausgeprägter* auch hier der persönliche Kontakt ist, desto wertvoller werden die Hilfestellungen sein, die die »Haus-Spedition« zur Verfügung stellen kann.

### 4.5.6 Geschäftsfreunde mit Auslandserfahrung

Fragen Sie Ihre Geschäftsfreunde, welche Erfahrungen sie bereits im Ausland gemacht haben. Nicht nur Lieferanten und Kunden, sondern oftmals auch Konkurrenten werden Ihnen gerne über eigene Erfahrungen berichten, die sie bei der Geschäftsabwicklung in dem betreffenden Land gemacht haben.

### 4.5.7 Auslandsberater

In vielen Regionen Deutschlands bieten erfahrene Auslandsberater dem exportorientierten Unternehmen ihre Hilfestellung an. Diese Berater verfügen häufig über intensive eigene Exportpraxis sowie über eigene Auslandsbüros. In vielen Bundesländern *vermitteln* die zuständigen Industrie- und Handelskammern (IHK) geeignete Berater an interessierte Unternehmen.

### 4.5.8 Hilfe, die Ihnen der Staat bietet

Die Ausfuhrförderung ist eines der wirtschaftspolitischen Ziele unseres Staates. Die Hilfestellungen, die in diesem Zusammenhang angeboten werden, sind unterschiedlicher Natur.

## Messeförderung

Nach meinen Beobachtungen stellen Messen und Ausstellungen die beste Informations- und Kommunikationseinrichtung für die erfolgreiche Anbahnung und für die Ausweitung von Auslandsgeschäften dar.

Um den Organisationsaufwand und die meist beachtlichen Kosten, die mit der Teilnahme an ausländischen Messen verbunden sind, zu reduzieren, fördert die Bundesrepublik Deutschland die Teilnahme mittelständischer Unternehmen an internationalen Messen und Ausstellungen. Aus diesen bereitgestellten Fördermitteln erfolgen zwar keine Zahlungen an die Messeteilnehmer, jedoch werden Standmieten, Werbung und bestimmte organisatorische Leistungen verbilligt. Die Nutzung dieser Fördermittel ist jedoch nur dann möglich, wenn sich das ausstellende Unternehmen an einer offiziellen Gemeinschaftsausstellung beteiligt. **Gute Kontakte durch Messen**

Nähere Informationen über die Teilnahmebedingungen, über die Förderung derartiger Gemeinschaftsausstellungen im Ausland können der Broschüre entnommen werden:
»*Beteiligung an Messen und Ausstellungen im Ausland*«
vom
Ausstellungs- und Messeausschuß der Deutschen Wirtschaft e. V. (AuMA)
Lindenstraße 8
5000 Köln 1

## »HERMES-Deckung«

Wie in den meisten anderen Industrieländern können auch in Deutschland Exporte in wirtschaftlich instabile Länder durch eine staatlich organisierte Exportkreditversicherung abgedeckt werden. Die Bearbeitung der Gewährleistung für Exportgeschäfte wurde seitens der Bundesregierung einem Mandatarkonsortium übertragen, das aus der HERMES-Kreditversicherungs-AG und der Treuearbeit AG besteht. Die Federführung liegt bei der HERMES-Kreditversicherungs AG, woraus sich die häufig verwendete Bezeichnung »HERMES-Deckung« erklärt.

Deckung kann übernommen werden für Geschäfte deutscher Exporteure mit ausländischen
privaten Bestellern (»Garantien«)
oder
öffentlichen Bestellern (»Bürgschaften«).

Gegenstand der HERMES-Deckung sind zur Zeit folgende Risiken, soweit sie im Ausland liegen:
– Fabrikationsrisiko (das Risiko vor Versendung der Ware)
– Ausfuhrrisiko (das Risiko nach Versendung der Ware).

**Exportfinanzierung**

Unter dem Druck der internationalen Konkurrenz ist der deutsche Exporteur in zunehmendem Umfang gezwungen, seine Exportleistung durch eine attraktive Finanzierung gegenüber dem Wettbewerb abzuheben. Da insbesondere der mittelständische Exporteur selten über die erforderlichen Mittel verfügt, derartige Zahlungsziele zu finanzieren, ist er dabei auf die Unterstützung von Geschäftsbanken, Spezialinstituten und staatlichen Stellen angewiesen. Hierbei kann er z. B. die Hilfe der Kreditanstalt für Wiederaufbau (KfW) in Anspruch nehmen.

Die KfW gewährt sowohl Lieferantenkredite, als auch Bestellerkredite. Mit diesen Krediten können die Exporte von langlebigen Investitionsgütern in die Entwicklungsländer finanziert werden.

Nähere Information erteilt die
Kreditanstalt für Wiederaufbau (KfW)
Palmengartenstraße 5–9
Postfach 11 11 41
6000 Frankfurt/Main 1

**Exportberatungs-Programme**

Mit dem Ziel, kleine und mittlere Unternehmen bei der Anbahnung und Abwicklung von Auslandsgeschäften zu unterstützen, wurden seitens des Bundes und der Länder Beratungsprogramme geschaffen. Dazu zählen:

- Betriebsberatungen
- Exportberatungen durch deutsche Auslandshandelskammern
- Exportberatungen durch Exportberater.

Hiernach können mittelständische Unternehmen individuelle Exportberatungen in Anspruch nehmen, deren Kosten bis zu 75 % (100 %) aus Zuschußmitteln finanzierbar sind. Speziell die von den Ländern (Ausnahmen: Bremen, Hamburg, Hessen) angebotenen Exportberatungsprogramme werden inzwischen von mittelständischen Unternehmen stark nachgefragt. Üblicherweise wird den interessierten Unternehmen von der zuständigen IHK ein erfahrener Exportberater vermittelt, der *bis zu 15 Tagen* für das Unternehmen tätig sein kann. Die formelle Abwicklung ist einfach und unbürokratisch. Nähere Informationen über diese Programme sind erhältlich: **Ihre Kammer vermittelt Berater**

● Bundesprogramme (Betriebsberatungen, Exportberatungen durch AHK):
Bundesverband der Deutschen Industrie
Oberländer Ufer 84
5000 Köln 51

Rationalisierungskuratorium der Deutschen Wirtschaft (RKW)
Düsseldorfer Straße 40
6236 Eschborn
Alle Industrie- und Handelskammern

● Länderprogramme (Exportberatungen durch Exportberater):
Alle Industrie- und Handelskammern.

---

*Falls Sie mit ausländischen Firmen zusammenarbeiten oder zusammenarbeiten wollen, sollten Sie die bisherigen Anregungen beherzigen – wenn Sie es nicht längst tun. Sie sollten aber auch daran denken, daß man auch im Ausland immer aktuell sein muß. Das gilt natürlich für den Binnenmarkt genauso, und es trifft eigentlich auch auf alle verkaufsfördernden Maßnahmen zu. Darum soll im letzten Kapitel ausführlich von Verkaufsförderung die Rede sein.*

## 5 Verkaufsförderung als Mittel der Umsatzsteigerung

Das, was gegenwärtig im engeren Sinne als Verkaufsförderung zu verstehen ist, wird auch heute noch nicht durch eine *einheitliche* Definition erfaßt. So wird zum Beispiel vom Bund Deutscher Verkaufsförderer und Verkaufstrainer folgende Definition gegeben: »Verkaufsförderung ist ein zeitlich gezielt und Marktsegment-spezifisch einsetzbares Kommunikationsinstrument des Marketingmix von Industrie-, Handels- und Dienstleistungsunternehmen. Sie informiert und beeinflußt kurzfristig und langfristig Verkaufsorganisation, Absatzmittler und Verbraucher/Verwender durch personen- und sachbezogene, stationäre und variable erweiterte Leistungen zum Angebot« (10). In einer älteren Definition heißt es: »Verkaufsförderung ist ein äußerst komplexes Marktbearbeitungsinstrument. Die Scala seiner Bedeutung reicht von der Tätigkeit des Reisenden im Laden bis hin zur Konzipierung von Preisausschreiben, von der Entwicklung von Display-Material bis zur Ausgestaltung von Außendienstanreizsystemen, von der Durchführung von Schaufensterwettbewerben bis hin zum Einsatz von Propagandisten am Point of Purchase« (11).

**Verkaufsförderung hat ein sehr breites Spektrum**

Eine weitere aber recht weitgehende Definition lautet: »Die Verkaufsförderung umfaßt alle Maßnahmen zur Unterstützung der Werbung, zur Unterstützung und Beeinflussung der Verkäufer des Unternehmens und der in den Vertriebsweg eingeschalteten Händler« (12). Nun, die Definitionen sagen nichts Gegenteiliges aus und wir müssen uns sogar dazu entschließen, hier Verkaufsförderung nicht nur im *engeren*, sondern im *weitesten* Sinne zu behandeln, wenigstens soweit, daß das Wichtigste kurz erwähnt wird.

Die meisten verkaufsfördernden Mittel und Maßnahmen könnten wir auch ebensogut in den Bereich der Werbung oder in den Bereich des Verkaufs einordnen. Wir werden noch darauf zurückkommen, aber bevor wir ins Detail gehen, wollen wir kurz einen Blick in die Praxis werfen.

## 5.1 Ein klassischer Verkaufsförderungsfall

Anschaulicher als alle Definitionen schildert uns ein praktischer Fall, was in der Verkaufsförderung vorgeht, was Verkaufsförderung ist. Zudem bringt ein solcher Fall auch Anregung und Gedankenanstöße. Greifen wir also zurück auf eine Kampagne, die bewiesen hat, daß sie eine Ware, die neu in den Markt kam, festigen konnte.

Denken Sie an dieser Stelle einmal kurz über den Eindruck nach, der sich Ihnen heute bietet, wenn Sie einen Käseladen oder eine Käseabteilung eines Warenhauses oder Supermarktes betreten. Sie treffen auf eine reiche Auswahl. Da ist nicht nur deutscher, sondern auch ausländischer Käse, und meistens ist das Sortiment aus Frankreich besonders beeindruckend. Das war nicht immer so. Im Gegenteil, es war gar nicht so einfach, manche Marke einzuführen, es bedurfte großer Verkaufs- und Werbeanstrengungen, und der Verkaufsförderung war oft eine besondere Rolle zugeordnet.

Greifen wir eine Marke heraus, die neu in den Markt der Bundesrepublik eintrat. Man sparte dabei nicht an Werbung. Fernsehen, Funk und Anzeigen in Illustrierten und Boulevardzeitungen und auch der Plakatanschlag wurden genutzt. Damit gab man sich noch nicht zufrieden. Als wirksame Verkaufsförderungsmaßnahme plante man einen Wettbewerb.

Wir müssen dabei bedenken, daß man diesen französischen Käse von der Fabrik in Frankreich aus über deutsche *Großhändler* und dann über *Einzelhändler* an den Verbraucher bringen wollte. Deshalb war es nicht damit getan, Publikumswerbung in den großen Medien zu machen. Man mußte auch diejenigen, die den Vertrieb wachhielten, also Großhändler und Einzelhändler, berücksichtigen. Auch sie mußten umworben werden und dazu sollte die Verkaufsförderung durch einen Wettbewerb eingesetzt werden.

**An Handelsstufen denken**

Berücksichtigen müssen wir auch noch, *wie* der Käse vom Großhändler an die Einzelhändler gelangte. Die meisten Großhandlungen verfügten über *Verkaufsfahrer*, also über Fahrer, die sich nicht nur um den Verkauf bemühten, sondern

**Verkaufshelfer aktivieren**

auch gleichzeitig Käse auslieferten. All die, die also auf dem Vertriebsweg für eine Förderung des Käseverkaufs eintraten, mußten mit dem Wettbewerb angesprochen werden. Dies zeigt uns gleichzeitig, daß Verkaufsförderung im *besten Sinne nicht als eine Einzelmaßnahme* verstanden werden darf, sondern daß die Wirkung der Verkaufsförderung auf alle, die den Verkauf fördern können, ausgedehnt werden muß. In dem hier zu besprechenden Fall heißt das, der Wettbewerb muß Anreize sowohl für den Großhändler als auch für den Verkaufsfahrer und auch für den Einzelhändler bieten. Wie ging man also vor und was war das Ziel der Verkaufsförderungsaktion. Beginnen wir zuerst einmal mit dem Ziel.

Nun, es ist wohl klar, daß es hauptsächlich darum ging, diesen speziellen französischen Käse zu *verkaufen*, ihn im Sortiment zu *halten* und mit der Zeit *bedeutende Umsätze zu erzielen*. Nun konnte man aber nicht – und zwar aus rechtlichen Gründen – den Wettbewerb mit dem Verkauf, also mit der Abnahme einer bestimmten Menge Käse verbinden. Man mußte also anders vorgehen und man überlegte folgendes: Wenn man in den Einzelhandlungen, also im Laden, Werbung für diese Käsesorte plazieren könnte, die von den Kunden deutlich gesehen wird, dann würde schließlich dem Einzelhändler gar nichts anderes übrig bleiben, als diesen Käse zu führen. Denn die Kunden würden ja die Werbung sehen, und der eine oder der andere Kunde würde nach dem Käse fragen. Nun könnte ja der Einzelhändler kaum sagen, daß er diesen Käse nicht führe, denn dann wäre ja mit Recht die Frage aufgetaucht, warum er denn für diese Käsesorte werbe. Also könnte man davon ausgehen, daß dort, wo Werbung plaziert würde, auch der Käse angeboten würde. Und diese Überlegung erwies sich als richtig.

Nun mußte man es natürlich schaffen, daß *möglichst viele* Einzelhändler die Käsereklame plazierten. Dabei mußte man allerdings bedenken, daß es eine Reklame war, die im Laden *nicht störend* wirkte, für die auch *Platz* vorhanden war. Es konnten also keine großen Plakate und keine umständlichen Aufhänger sein. Es konnten auch keine

Handzettel sein, die man im Laden verteilte, denn dadurch wäre ja der Einzelhändler oder sein Personal zusätzlich beansprucht worden. Zudem sollte man die Werbung gleich sehen.

Nachdem man verschiedene Werbemittel getestet hatte, kam man darauf, daß man am besten ein Mobile wählte, das an der Decke befestigt werden konnte, an einem dünnen Nylonfaden hing und fast über den Köpfen der Eintretenden baumelte. Es konnte also kaum übersehen werden und war im Gegensatz zu den anderen statischen Werbemitteln auch recht auffällig, da sich das Mobile ja schon bei leichtem Windstoß bewegte. Die Form des Mobiles war natürlich auch weitgehend vorgegeben, denn es kam kaum etwas anderes in Frage, als das Mobile in Form einer Käsepackung zu gestalten, so daß man die Packung, falls sie im Regal stand, sofort mit dem Mobile *identifizieren* konnte.

Nun erhob sich natürlich die wichtigste Frage, nämlich, wie konnte man die Verkaufsfahrer dazu bewegen, möglichst viele Mobiles zu plazieren und wie die Einzelhändler, diese Mobiles auch *wirklich anzubringen*. Zudem mußte natürlich auch der Großhändler motiviert werden, so daß er seine Verkaufsfahrer veranlaßte, an dieser Aktion teilzunehmen. **An Motivation denken**

Man kam schließlich darauf, daß als Preise Reisen ausgesetzt werden sollten. Die Reisen sollten an die Gewinner verteilt werden. Die Gewinner mußten sich den Zielen entsprechend in allen drei Gruppen befinden. Die ganze Aktion mußte aber so organisiert werden, daß die Anreize für alle drei Gruppen vorhanden waren, ohne jedoch breit zu streuen, ohne also zu viele Preise ausgeben zu müssen und doch einen gewissen Einsatz zu fördern, um einen Preis zu erhalten. Wie konnte man also praktisch vorgehen?

Die Aktion begann damit, daß etwa 3 000 Butter-, Eier- und Käsegroßhändler einen *Werbebrief* bekamen, der die Aktion bekannt machte. Dem Werbebrief war eine kleine *Folienschallplatte* beigefügt, die auch auf die Aktion einging, aber die vor allem motivierend wirken sollte. Man hörte die Geräusche eines Düsenflugzeuges, hörte die Ansage in der Flughalle, die den Flug nach Paris ausrief, und dann hörte man natürlich einige Ausschnitte aus dem Pariser Nachtleben. **Gute Information ist notwendig**

Zum Schluß wurde noch einmal darauf hingewiesen, daß eine gute Chance bestände, an der ausgelobten Reise teilzunehmen. Diese Aktion bewirkte, daß von den etwa 6 000 bei den Grossisten beschäftigten Verkaufsfahrern 4 000 an der Aktion teilnahmen. Aber nun mußte ja auch gesichert sein, daß das Werbematerial, welches von den Großhändlern abgerufen werden konnte, auch den Weg in die Einzelhandlungen fand und dort plaziert wurde. Ebenso abgesichert werden mußte auch noch die Teilnahme des Gewinners aus dem Einzelhandelsbereich. Wie konnte man in dieser Hinsicht vorgehen?

Gelöst hat man das Problem folgendermaßen: Jedem Verkaufsfahrer wurde ein *Scheckheft* ausgehändigt. Der Verkaufsfahrer ging mit diesem Scheckheft und mit dem Mobile zu den Einzelhändlern. Er bat die Einzelhändler, die Werbemittel zu plazieren und ihm gleichzeitig als Bestätigung einen Geschäftsstempel ins Scheckheft zu machen. Ein Einzelhändler, der ein Versprechen unter diesen Bedingungen abgibt, wird natürlich in den meisten Fällen auch die Werbung plazieren. Höchstwahrscheinlich wird er, wenn er die Werbung plaziert, auch ein gewisses Warenquantum abnehmen, um, wenn Kunden aufgrund der Werbung nach der Ware fragen, die Kunden auch bedienen zu können.

Der Verkaufsfahrer, wenn er sich richtig einsetzte, verfügte bald über eine Reihe abgestempelter Schecks und hatte gleichzeitig auch guten Umsatz gemacht. Der Wettbewerb wurde folgendermaßen ausgewertet: Die Gewinner waren die fünf Verkaufsfahrer, die die meisten Werbemittel in Einzelhandelsgeschäften angebracht hatten. Also die fünf, die über die meisten gestempelten Schecks verfügten. Außerdem wurde unter allen übrigen Verkaufsfahrern, die mehr als 50 Werbemittel plaziert hatten, eine weitere Reise für 2 Personen ausgelost.

Um die Teilnahme auch für die Einzelhändler interessant zu machen, wurde auch *unter den Einzelhändlern des ersten Siegers* eine gleichwertige Reise verlost. Wir sehen hier, daß während der Wettbewerb lief, ja jeder Einzelhändler noch damit rechnen konnte, daß *sein* Verkaufsfahrer erster Sieger würde und er dadurch an der Verlosung teilnehmen konnte.

# Verkaufsförderung als Mittel der Umsatzsteigerung

Auch das war ein Anreiz für den Einzelhändler, seinem Verkaufsfahrer die Mobiles abzunehmen und ihm einen Stempel ins Scheckheft zu drücken.  **Interessante Anreize schaffen**

Auch die Großhändler wurden auf ähnliche Weise berücksichtigt. Der *Großhändler des ersten Verkaufsfahrers* machte diese Reise selbstverständlich mit. Ihm ging es ja ebenso wie den Einzelhändler. Jeder Großhändler konnte darauf hoffen, daß es gerade einer *seiner* Verkaufsfahrer war, der den ersten Preis gewann, was den Großhändler dann gleichzeitig zur Reise berechtigte.

Bei den Preisen handelte es sich um Wochenendflugreisen für 2 Personen nach Paris, eingeschlossen Unterbringung in besten Hotels, Verpflegung und ein Taschengeld. Also schon etwas, was sich lohnte, und das brachte schließlich auch den Erfolg.

Die Plazierung von Werbemitteln bei den Einzelhändlern übertraf alle Erwartungen. Nur so konnte natürlich auch Umsatz gemacht werden, denn wie schon erwähnt, kaum ein Einzelhändler wird Werbemittel in seinem Laden plazieren, ohne schließlich auch Waren abzunehmen, die er aufgrund der Werbung in seinem Laden verkaufen kann. Bedenken wir noch, daß außer dieser Aktion *ja die Werbung in den großen Medien lief, die auch beim Verbraucher Nachfrage erzeugte,* und die diese Nachfrage in den Laden brachte. So werden bestimmte Kunden, auch dort, wo keine Werbemittel plaziert waren, nach dieser Käsesorte gefragt haben. Das brachte vielleicht den einen oder anderen Einzelhändler dazu, der vorher keine Werbemittel plazieren wollte, schließlich doch Werbemittel anzufordern. Aus diesem Grunde machte man noch eine Nachfaßaktion, die gleichzeitig aber dazu diente, Verkaufsfahrer, Grossisten und Einzelhändler noch einmal zu motivieren.  **Flankierende Maßnahmen nutzen**

Wir haben hier einen klassischen Fall von Verkaufsförderung, der uns auch zeigt, daß Verkaufsförderung eingebettet werden muß in alle anderen absatzwirksamen Bemühungen.

Sehen wir Verkaufsförderung immer von der praktischen Seite. Denken Sie auch an die Praxis, wenn Sie die folgenden

Kapitel lesen, denn nun wollen wir uns damit befassen, wie Verkaufsförderung funktioniert und welche Mittel und Maßnahmen verkaufsförderungsgerecht sind.

## 5.2 Wie Verkaufsförderung funktionieren sollte

Denken Sie noch einmal an das letzte Kapitel. Was ist dort passiert? Wir sehen ganz deutlich, daß hier eine absatzfördernde Maßnahme über mehrere Stufen des Absatzweges beibehalten wurde. Wir wurden zuerst erinnert an die Werbemaßnahmen des Herstellers, also an die Werbung in großen Medien, die das Publikum, die Endverbraucher, erreichen sollte. Dann sehen wir aber auch, daß der Großhandel umworben wurde und daß vom Großhandel aus wieder Aktivität an die Einzelhändler herangetragen werden soll. Der Großhandel wird also *selbst aktiv*, wenn auch durch Animation und mit Unterstützung des Herstellers. Wir können uns denken, daß letztlich auch der Einzelhändler aktiv geworden ist, denn wenn der Einzelhändler Werbemittel in seinem Laden plaziert und Waren einkauft, dann wird er auch durch seine *persönlichen Bemühungen* darum besorgt sein, diese Waren an den Kunden weiter zu veräußern. Wenn wir uns das einmal schematisch vorstellen, dann kommen wir zu folgendem Bild:

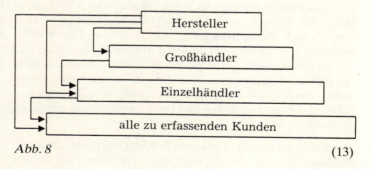

*Abb. 8* (13)

Was hier schematisch dargestellt wurde, entspricht auch weitgehend der Praxis. Der Hersteller mit seiner Publikumswerbung wirkt auf den Verbraucher ein. Gleichzeitig bearbeitet er aber auch die Großhändler, und zwar nur dann natürlich, wenn sie in seiner Absatzkette wichtig sind. Da die Großhändler daran interessiert sind, an den Einzelhandel zu verkaufen, werden sie, sofern sie eine aktive Absatzpolitik betreiben, natürlich auch die Einzelhändler umwerben. Und die Einzelhändler werden dann, um selbst absetzen zu können, die Endverbraucher bearbeiten, die ja schon durch die Publikumswerbung der Hersteller umworben wurden.

Wie Verkaufsförderung funktioniert können wir aber auch noch auf eine andere Weise erklären. Dabei werden uns die Begriffe »Push« und »Pull« begegnen. Was ist aber unter »Push« und »Pull« zu verstehen?

Sie wissen bestimmt, daß im englischen push – drücken und pull – ziehen bedeutet. In diesem Sinne werden diese beiden Begriffe auch in der Verkaufsförderung gebraucht. Push heißt dabei, Warenmengen in den Handel hineinzudrücken, also zum Beispiel die Warenlager des Handels mit einer bestimmten Ware füllen. Pull hingegen heißt, die Ware wieder aus den Lagern zu ziehen, also an den Verbraucher bringen. Das besagt wiederum, daß man zwei verschiedene Maßnahmen hat, um den Warenfluß vom Hersteller zum Verbraucher lebendig zu halten.

Wir können also davon ausgehen, daß man mit Verkaufsförderungsmaßnahmen auf die Händler einwirkt, mit Verkaufsförderungsmaßnahmen, die besonders interessant sind und die den Händler veranlassen, seine Lager mit der bestimmten Ware zu füllen. Es können zum Beispiel hohe *Rabatte* sein, die einen Händler veranlassen, Waren in größerem Umfang einzukaufen. Es können auch *werbliche Maßnahmen* sein, die ihn dazu bewegen. Auf jeden Fall ist es aber nicht damit getan, daß wir die Lager des Händlers füllen. Ist der Händler nämlich allein nicht in der Lage, diese Ware wieder an seine Kunden abzusetzen, dann bleibt er schließlich auf seinen Einkäufen sitzen und wird vorerst und auch

**Händler wollen nicht nur ihr Lager füllen**

in Zukunft von uns nichts mehr abnehmen oder wenigstens bei der Disposition sehr vorsichtig sein.

Haben wir also auf »Push« gesetzt, dann müssen wir uns auch dazu bereitfinden, Aktionen zu veranstalten, die das »Pull« bewirken. Dies kann zum Beispiel durch die *Publikumswerbung* geschehen.

Betrachten wir einmal den eben geschilderten Vorgang schematisch, dann kommen wir zu folgendem Bild:

# Verkaufsförderung als Mittel der Umsatzsteigerung

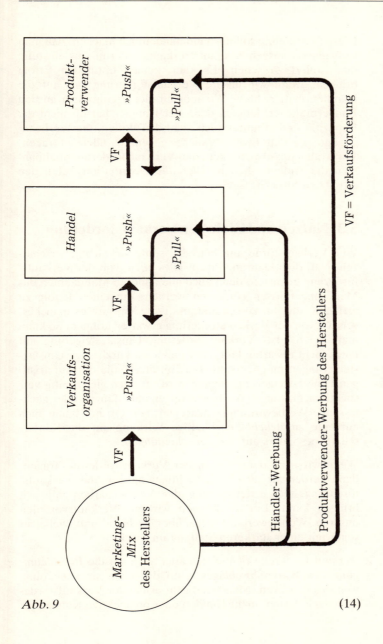

Abb. 9 (14)

Diese Darstellung soll noch einmal deutlich machen, daß man nicht davon ausgehen kann, Verkaufsförderung als einstufig und isoliert zu sehen. Es kann keinen optimalen Erfolg bringen, wenn wir unsere Verkaufsförderung *nur* auf die Händlerschaft richten. Wir müssen gleichzeitig auch an den Endverbraucher denken, denn der Händler hat oft nicht die Kapazität und mitunter auch nicht den Willen, die Werbeanstrengungen dem Endverbraucher gegenüber allein zu tragen. Wir wollen uns also merken, daß Verkaufsförderungsmaßnahmen die Aufgabe haben, über *alle* Distributionsstufen den Absatz zu fördern.

## 5.3 Nutzen und Ziele der Verkaufsförderung

Wer Verkaufsförderung betreibt, sollte sie nicht überschätzen. Natürlich kann man nicht alles *allein* von der Verkaufsförderung erwarten, denn auch alle anderen Maßnahmen des Marketing müssen eingesetzt werden, um einen Erfolg zu erringen, um ihn zu optimieren. Trotzdem gibt es manches, was wir von der Verkaufsförderung erwarten können. So kann man sagen, daß Verkaufsförderung Umsatzsteigerung auf lange Sicht erwarten läßt, aber daß auch kurzfristige Umsatzsteigerungen möglich sind. Bei Einsätzen, die der kurzfristigen Umsatzsteigerung dienen, wird oft auch gleichzeitig versucht, nachlassende Werbewirkungen aufzufangen oder nachlassende Werbewirkungen auszugleichen. Oft hofft man auch auf eine *zusätzliche*, nachhaltige Wirkung auf die Käuferschaft, besonders auf *Kaufentscheidungen*.

**Verkaufsförderung kann kurz- und langfristig wirken**

Wenn wir nach dem Nutzen der Verkaufsförderung fragen, dann werden wir auch berücksichtigen müssen, daß Verkaufsförderung auch Erleichterung der Verkaufsarbeit mit sich bringen kann. Ebenso können wir mit Verkaufsvorteilen unseren Wettbewerbern gegenüber rechnen und vielleicht sogar mit einer stärkeren Stellung im Markt.

Verkaufsförderung richtet sich aber auch auf die *Beschleunigung des Warenumschlages*. Und das kann sie auch ohne weiteres bewirken. Manchmal geht es bei der Verkaufsförderung auch darum, mehr Kunden oder prospektive Kunden ins

Geschäft zu bringen oder ansprechen zu können. Und auch diesen Nutzen kann Verkaufsförderung – richtig angewandt – ohne weiteres bringen. Viele Verkaufsförderungsmaßnahmen werden *direkt am Verkaufspunkt* sichtbar, z. B. am Selbstbedienungsregal. Hier geht es darum, Nutzen in der Art zu erzielen, daß der Kunde *im letzten Augenblick vor dem Kauf* noch für eine bestimmte Ware interessiert wird und diese Ware dann tatsächlich vom Regal nimmt. Verkaufsförderung kann, wie auch andere Werbemaßnahmen, der besseren Argumentation der Verkäufer dienen, denn die Aussagen der Verkaufsförderung können natürlich auch im *Verkaufsgespräch* verwendet werden.

**Verkaufsförderung soll auch die Argumentation der Verkäufer unterstützen**

Betrachten wir die Ziele der Verkaufsförderung, so können wir davon ausgehen, daß Händler und Hersteller zum Teil gemeinsame Ziele haben, zum Beispiel die Vergrößerung des Absatzvolumens. Andererseits müssen wir aber auch zur Kenntnis nehmen, daß sowohl Hersteller als auch Händler ganz verschiedene Ziele haben können.

Hersteller können z. B. daran interessiert sein, ihre Produkte, und besonders *neue* Produkte, schneller einzuführen. Sie können auch nach Einführung bestimmter Teilsortimente streben, die sie bisher im Handel nicht durchsetzen konnten. Sie können auch um größere Regalanteile werben, denn bei der Selbstbedienung ist es ja so, *daß oft schon der Regalanteil über den Verkaufserfolg bestimmt.* Dann ist ein Ziel der Verkaufsförderung – vom Hersteller aus gesehen – die Motivation des Händlers, denn der Händler muß Interesse an mehr Umsatz haben und dieses Interesse kann auch durch Verkaufsförderungsaktionen vermittelt werden. Überhaupt geht es vom Händler aus gesehen bei der Verkaufsförderung stark um die *positive Beeinflussung des Handels.* Mitunter setzen Händler aber auch die Verkaufsförderung ein, um neue Vertriebswege oder Absatzkanäle zu erschließen oder um diese Kanäle gängiger, nutzbarer zu machen.

Stellen wir diesen Herstellerzielen nun die Verkaufsförderungsziele der Händler gegenüber, so ist zuerst einmal zu sagen, daß es für den Händler auch in erster Linie darauf ankommt, den Absatz zu beleben, den Absatz zu vergrößern.

**Hersteller und Händler haben zum Teil die gleichen Verkaufsförderungsziele**

Vielleicht geht es ihm oft aber auch darum, einen größeren Durchschnittsverkauf zu erzielen, um dadurch die Verkaufskosten zu senken. Händler streben durch Verkaufsförderungsaktionen oft auch zusätzliche Verkäufe an. Sie wollen also den Kunden, die in ihrem Laden eine bestimmte Ware gekauft haben – da sie schon einmal im Laden sind – eine weitere Ware verkaufen, und diese Ware wird eben durch Verkaufsförderungsaktionen interessant gemacht. Vielleicht geht es bei der Verkaufsförderung auch oft darum, ganz bestimmte Dienstleistungen oder auch *zusätzliche* Dienstleistungen zu demonstrieren, die ein Angebot besonders *wertvoll* machen. Und selbstverständlich ist der Händler auch dann an der Verkaufsförderung interessiert, wenn er das Ziel hat, neue Produkte einzuführen oder durch neue Produkte neue Kunden zu gewinnen.

**Verkaufsförderung ist mit allen anderen Marketingmaßnahmen zu koordinieren**

Ob wir Verkaufsförderungsziele erreichen, hängt aber nicht immer von der Verkaufsförderung allein ab. Daß auch alle anderen Marketingmaßnahmen eingesetzt werden müssen, wurde schon erwähnt. Aber auch andere Dinge sind noch von Bedeutung. So wird es immer fraglich sein, ob die Verkaufsförderung Erfolg hat, wenn wir *kein entsprechendes Produkt* anbieten können, keine *marktgerechte* Ware oder Dienstleistung. Marktgerechte Waren oder Dienstleistungen sind aber auch die Voraussetzung für erfolgreiche Verkaufsförderungsaktionen. Wir müssen aber auch über eine gute *Verkaufsorganisation* verfügen und wir müssen mit gut funktionierenden *Absatzmittlern*, also Händlern, in Verbindung stehen. Solange das nicht geklärt ist, sind verkaufsfördernde Erfolge immer in Gefahr.

Verkaufsförderung muß eingebettet sein in das *gesamte absatzpolitische Instrumentarium*. Oft wird übersehen, daß dabei die Werbung eine ganz besondere Rolle spielt. Zu oft hält man sich mit der Abgrenzung von Werbung und Verkaufsförderung auf der einen und von Verkauf und Verkaufsförderung auf der anderen Seite auf. Dabei vergißt man, *daß alle Maßnahmen ineinandergreifen sollten*. Dabei vergißt man manchmal sogar, daß wenigstens der *Informationsfluß* zwischen den einzelnen Maßnahmensektoren *gesichert* sein muß, denn wenn die Verkaufsförderung nicht weiß, was in der

Werbung vorgeht, oder wenn Verkaufsförderer nicht genau darüber informiert sind, was im Verkauf läuft, dann können Verkaufsförderungsaktionen nicht die gewünschte Wirkung haben.

Wenn eingangs erwähnt wurde, daß hier die Verkaufsförderung im weitesten Sinne gesehen werden soll, dann ist es wohl klar, daß die *Werbung* einer ganz besonderen Behandlung bedarf. Denn es ist unbestritten, daß Werbung verkaufsfördernd wirkt und daß es, soweit es wirtschaftliche Werbung betrifft, eigentlich der einzige Zweck der Werbung ist, im Sinne der Verkaufsförderung zu wirken. Auch wenn wir alle anderen Werbefunktionen hinzuziehen, so zum Beispiel die Unternehmenssicherungsfunktion, müssen wir zugeben, daß sie nicht zu erfüllen wäre, wenn die Werbung nicht in erster Linie den Verkauf beeinflussen könnte. Ein Unternehmen, das nur Waren produziert, ohne sie absetzen, also verkaufen zu können, wird auch auf Dauer keinen Bestand haben. Damit ist die Werbefunktion der Unternehmenssicherung eng verbunden mit dem Verkauf, eng verbunden mit der Wirkung, die die Werbung auf den Verkauf erzielen muß.

**Die Grenze zwischen Verkaufsförderung und Werbung ist fließend**

## 5.4 Die verkaufsfördernde Wirkung der Werbung

Das, was ausgangs des vorangegangenen Kapitels gesagt wurde, hat bereits ein Altmeister der Werbung mit einigen kräftigen Worten klar zum Ausdruck gebracht: »Hauptzweck der Werbung ist immer der Verkauf und nicht die Gelegenheit zu interessanten Entwürfen für Werber und Grafiker« (15).

Werbung will also nicht mißverstanden sein, und das ist gar nicht so einfach, wenn wir bedenken, daß Werbung verschiedenen Zwecken dienen kann. Wir kennen die Wirtschaftswerbung, und das ist das, was man früher schlicht Reklame genannt hat. Wir kennen aber auch die Propaganda, eine Werbeart, die sich auf Werbung für Ideen richtet. Dazu gehört zum Beispiel die Werbung für Parteien oder die Werbung für kirchliche Organisationen. Wir kennen aber

**Werbung muß immer einem Zweck dienen**

auch auch die Werbung für Einzelpersonen, wie sie oft in Form von Publicity bemerkt wird.

Nun, wir gehen hier einmal davon aus, daß die Werbung als Hauptzweck den Verkauf zu sehen hat. Und in diesem Sinne könnten wir, wie es alte Werber taten, auch von einem *angebotlichen Nachrichtendienst* reden. Wir könnten auch sagen, daß die Werbung als *Vorläuferin des Wettbewerbs* zu verstehen ist. Werbung ist schon vorhanden, bevor von Wettbewerb die Rede sein kann. Aus der *Wirkung* der Werbung ergibt sich erst der Wettbewerb.

**Werbung gehört zu unserem Alltag**

Dies alles sagt aber recht wenig über das Wesen der Werbung aus, zeigt noch nicht ihre vielseitigen Wirkungen und läßt ihre Bedeutung erst ahnen. Täglich werden wir aber mit der Bedeutung der Werbung konfrontiert. Unser Leben ist praktisch mit Werbung durchsetzt, und so sollten wir uns schon die Mühe machen, etwas mehr über Werbung nachzudenken.

Im Grunde genommen weiß jeder, was Werbung ist. Denn die verschiedensten Arten werblicher Ausdrucksformen mischen sich unübersehbar in unseren Alltag. Würde der einzelne jedoch gezwungen, eine möglichst exakte Definition der Werbung im weitesten Sinne zu geben, so käme es nur in wenigen Fällen zu einem befriedigenden Ergebnis. Denn selbst die Werbewissenschaftler haben es sich nicht leicht gemacht, wenn es darum ging, den Werbebegriff verbindlich zu interpretieren.

Wir wollen uns hier mit einer sehr einfachen Definition zufriedengeben: »Werbung ist zweckbezogene Beeinflussung mit zwanglosen Mitteln« (16). Diese Definition erläutert den Werbebegriff bereits weitgehend und allgemein. Sie reicht allerdings nicht aus, um das Wesen der Werbung ausschöpfend zu erklären. Das wird jedoch letzten Endes bei jeder Definition zu Schwierigkeiten führen, denn die Vielfalt werblicher Beeinflussungsformen, Techniken und Anwendungsbereiche erlaubt unterschiedliche Betrachtungsweisen.

Wollen wir das Wesen der Werbung über eine Definition hinaus ergründen, dann müssen wir jeweils den *Zweck* betrachten, dem die Werbung dient. Dabei werden wir herausfinden, daß Werbung, wie bereits erwähnt, den verschiedensten Zwecken dienen kann.

Ebenso wie die Werbung verschiedenen Zwecken dienen kann, kann sie auch verschiedene *Urheber* haben. Sie kann von einem *einzelnen* veranlaßt werden oder von einer *Gruppe*. Sind mehrere Personen, Firmen oder Institutionen an einer Werbung beteiligt, dann sprechen wir von *Kollektivwerbung, Gemeinschaftswerbung* oder *Sammelwerbung*.

Wie erwähnt, verstehen wir Werbung als Mittel des Wettbewerbs. Andererseits muß aber auch darauf verwiesen werden, daß die Werbung den Wettbewerb *hemmen* kann, wenn marktmächtige Unternehmen die Kraft der Werbung durch hohen Mitteleinsatz nutzen, um schwächere Konkurrenten auszuschalten.

**Werbung wirkt nicht in jedem Fall wettbewerbsfördernd**

Im wirtschaftlichen Bereich ist die Werbung dem Absatz zuzuordnen. *Werbung ist ein Mittel der Absatzpolitik* und so auch eng mit der Verkaufsförderung verbunden. Sie muß mit den anderen Mitteln der Absatzpolitik *koordiniert* und ihren Funktionen entsprechend eingesetzt werden.

Es gibt viele Funktionen, die durch Werbung erfüllt werden können. Greifen wir hier nur einige wichtige heraus:
- Die Werbung muß den Umworbenen informieren und unterrichten.
- Die Werbung muß durch ihre beeinflussende Orientierung Wünsche wecken und dadurch den Absatz von Waren und Dienstleistungen erleichtern und steigern.
- Die Werbung muß auf dem Gesamtmarkt regulierend zwischen Massenprodukten und Massenverteilung wirken.
- Die Werbung muß den Preis- und den Qualitätsvergleich erleichtern und den differenzierten Markt überschaubar machen.
- Die Werbung muß dazu beitragen, die Güterverteilung zu rationalisieren.

Natürlich könnte man diese Punkte noch erweitern, und in verschiedenen Darstellungen wird auch Gebrauch davon gemacht. Wir wollen uns aber darauf beschränken, die einzelnen Positionen kurz zu erläutern.

Daß die Werbung informierend und unterrichtend wirkt, wissen wir aus der täglichen Praxis. Wir informieren uns an Anzeigen, unterrichten uns durch werbliche Drucksachen oder werden durch das Werbefernsehen oder mittels anderer Medien auf Neuheiten hingewiesen. Daß beeinflussende Orientierung Wünsche weckt, wissen wir, denn oft ist einer unserer Wünsche durch Werbung geweckt oder gefördert worden. Das ist nicht negativ, denn es unterstützt unser Streben nach einem besseren Leben, läßt neue Anstrengungen williger tragen und uns dadurch selbst zum Wohle anderer produktiver werden. Schon durch ein solches Verhalten der Allgemeinheit könnte es zur regulierenden Wirkung zwischen Massenherstellung und Massenverbrauch kommen. Diese Regulierung ist notwendig, *denn überschüssige Gütermengen könnten Krisen zur Foge haben.* Damit aber alle Wirtschaftsteilnehmer bei der Auswahl der Angebote die gleichen Chancen haben, ist es notwendig, daß Preise und Qualitäten bekannt sind. Die Werbung wirkt hier sehr unterstützend, denn durch die Informationsfunktionen werden Angaben über Preise und Qualitäten an die Öffentlichkeit gebracht. Bliebe schließlich noch die Rationalisierung der Güterverteilung. Gerade auf diesem Sektor ist in den letzten Jahren viel geschehen. Besonders in bezug auf die durch Werbung *vorverkauften* Waren, die am Ort des Verkaufs, zum Beispiel in Selbstbedienungsläden, kaum noch durch Personal angeboten werden.

**Werbung hat viele Funktionen**

Natürlich kann die Werbung diese Funktionen nur erfüllen, wenn sie durch andere Maßnahmen der Absatzpolitik unterstützt wird. So etwa durch die Preispolitik, durch die Angebotsgestaltung, durch den Verkauf und durch den Vertrieb. Wie stark andere Maßnahmen und Gegebenheiten berücksichtigt werden müssen, wenn es um die Werbung geht, erkennt man schon am *werbestrategischen* Vorgehen, das folgendermaßen verlaufen kann:

1. Abklärung der anzusprechenden werblichen Zielgruppen durch Datenbeschaffung, um die Zielgruppe möglichst genau zu bestimmen.
2. Produkttest zur Ermittlung von Stärken und Schwächen gegenüber der Konkurrenz. Prüfung des Produkts unter realistischen Bedingungen.

3. Motivationsstudien zur Bestimmung allgemeiner wie besonderer Kauf- und Verwendungsmotive.
4. Gewichtung der möglichen kreativen Ideen zum Zwecke der Auslese.
5. Analyse der Konkurrenzwerbung, formal sowie inhaltlich.
6. Bestimmung der eigenen kreativen Strategie.
7. Organisatorische Werbeplanung.
8. Entwurf der Werbemittel.
9. Vortests in einem ausgewählten, begrenzten Kreis, der als repräsentativ gelten kann.
10. Auswahl der Medien und Streuung der Werbemittel.
11. Erfolgskontrolle.
12. Korrektur und Modifikation der Mittel und Maßnahmen.

Neben der Organisation und neben dem richtigen strategischen Vorgehen ist aber eine gute Idee mitbestimmend für den Werbeerfolg. Darum wollen wir den nächsten Abschnitt der Ideenfindung in der Werbung widmen.

### 5.4.1 Wie man verkaufsfördernde Werbeideen findet

Dieser Abschnitt dürfte für Sie besonders interessant sein. Denn Ideen braucht man nicht nur in der Werbung, nicht nur in der Verkaufsförderung oder im Marketing allgemein. *Gute Ideen kann man immer gebrauchen.* Aber oft fehlen uns gute Ideen und manchmal gerade dann, wenn wir sie besonders dringend brauchen.

Wenn man nur nach Ideen sucht, wenn sie gebraucht werden, macht das mehr Mühe, als wenn man sich *fortwährend* auf der Ideensuche befindet, sich für alles Neue interessiert, ständig Beispiele beachtet, an denen man sich orientieren kann.

**Auf Ideen darf man nicht warten. Man muß sie suchen**

Darum ist es auch gar nicht so abwegig, ständig *Beispiele zu sammeln.* Das ist nicht einmal schwierig. Sofern es die Werbung betrifft, erfordert es meistens gar nicht so viel Zeit, nur etwas Konsequenz, Stetigkeit und ein wenig Ordnungssinn.

Selbst wenn man nur gelegentlich wirbt, oder nur gelegentlich Verkaufsförderungskampagnen durchführt, kann es interessant sein, wohlgelungene Beispiele aus diesen Bereichen zu sammeln. Allerdings *nicht um sie nachzuahmen*, sondern um sich inspirieren zu lassen, um es dann vielleicht im gegebenen Fall noch ein wenig *besser* zu machen.

**Beispiele regen die Phantasie an**

Das Sammeln von Werbebeispielen ist heute sehr einfach. Täglich werden wir mit Werbedrucksachen konfrontiert. Wir finden sie immer wieder in unseren Briefkästen und oft werfen wir sie sogar achtlos fort, ohne sie eines Blickes zu würdigen. Dabei hätten wir doch manche Anregung finden können, manchen Gedanken, der gegebenenfalls nützlich sein könnte. Aus diesem Grunde empfiehlt es sich, besonders gelungene Drucksachen aufzubewahren. Wer sich das zur Gewohnheit macht, sollte die gesammelten Drucksachen *ordnen*, vielleicht sogar systematisieren. Manchmal genügt es, nach schwarzweiß und farbig zu unterscheiden oder nach Format, Umfang oder Reproduktionsart. Man kann aber auch nach *Firmen* oder *Produkten* ordnen oder man kann einfach nach der chronologischen Zeitfolge gehen.

Wer über eine solche Sammlung verfügt, kann oft Gedankenarbeit sparen. Viel wichtiger ist es aber noch, daß man zum gegebenen Zeitpunkt über ein Reservoir guter Denkanstöße verfügt. Man hat dann weniger Anlaufschwierigkeiten, wenn es darum geht, neue Ideen für die Werbung zu finden. Orientiert man sich nämlich an vorhandenen Werbedrucksachen oder anderen Werbeaussagen, versucht man sie gedanklich umzugestalten und dem eigenen Zweck anzupassen, notiert man die wesentlichen Grundgedanken, die bei der Überlegung eine Rolle spielen, dann kommt man schon ein gutes Stück weiter.

**Informationen sind ideenfördernd**

Wenn Sie sich selbst gut informieren, wissen Sie schon einiges, was mit Ihrer Idee oder der zu suchenden Idee zusammenhängen könnte. Jetzt wäre es vielleicht wichtig, sich mit anderen über diese Ideensuche zu unterhalten, sofern die anderen nicht als Konkurrenten zu betrachten sind. Manchmal erweist sich ein Gespräch mit einem Druckereifachmann als sehr nützlich. Kennt man Leute, die sich laufend mit Werbung beschäftigen, so wäre auch ein Gespräch mit ihnen angebracht. Denn schon das erste Gespräch könnte zu realisierbaren Ergebnissen führen.

Wenn wir hier weiter fortfahren über die Ideensuche nachzudenken, dann deshalb, weil es vielfältige Formen der Ideensuche gibt, die Ihnen alle auf irgendeine Weise nützlich sein können. Also wollen wir den Gedanken noch ein wenig weiterspinnen.

Daß ein *Gespräch mit Fachleuten* neue Ideen bringt oder zur Realisation eigener Ideen verhilft, wurde gerade erwähnt. Aber hier muß ergänzt werden, daß in der Kommunikation noch weitere Ideenquellen liegen, die hier allerdings nur kurz genannt werden können:
- Diskussion mit Bekannten oder Mitarbeitern
- Besprechung mit einem Werbeberater
- Beauftragen eines Werbegrafikers
- Gespräche mit Kunden
- Gespräche mit Lieferanten
- Befragung von Verbandsfunktionären
- Gruppendiskussionen
- Besuchen von Messen und Ausstellungen
- Schaufensterbummel
- Verkaufsgespräche
- Telefonate mit Freunden
- Anfragen bei Behörden
- Besuch von Vortragsveranstaltungen
- Teilnahme an Weiterbildungsveranstaltungen usw.

Es brauchen nicht immer persönliche Kontakte zu sein, die im Ideenbereich weiterhelfen. Auch das Studium von *Fachzeitschriften*, das Studium der *Konkurrenzwerbung* vor allen Dingen und die Durchsicht alter Publikationen können Nutzen bringen. Ebenso spezielle Rundfunk- und Fernsehsendungen. Vor allem sollten Sie in diesem Zusammenhang auch die *Rundfunk- und Fernsehwerbung aufmerksam verfolgen.* Aber auch Preisausschreiben und Wettbewerbe, Geschäftsberichte, Marktforschungsergebnisse und dergleichen können zu neuen Ideen führen.

Und nun noch etwas zum *systematischen* Vorgehen bei der Ideensuche. Da ist zuerst einmal Ihre Grundeinstellung wichtig. Und um anzudeuten, wie man sich *positiv* auf die Ideensuche einstellen kann, werden hier einige wichtige Hinweise gegeben: **Positives Denken ist bei der Ideensuche von Vorteil**

a) schwache Ideen sind besser als gar keine
b) unterschätzen Sie nie Ihre Kreativität
c) nicht auf Einfälle warten, sondern zielgerichtet nachdenken
d) ganz auf das Thema konzentrieren
e) eigene Ideen sind so gut wie andere.

Es gibt natürlich Leute, die mehr über die Sache wissen, die Sie gerade anstreben. Aber Ihre *Ziele* kennen Sie am besten, besser als jeder andere. Wenn Sie zum Beispiel ein Geschäft betreiben, dann kennen Sie Ihr Geschäft besser als alle anderen. Sie kennen Ihre Kunden und die Waren oder Dienste, die Sie anbieten. Und Sie kennen auch die Konkurrenz. Schon das sollte Sie ermutigen, nach eigenen Werbeideen zu suchen.

»Wie gehen Sie aber nun zweckmäßigerweise vor, wenn Sie nach bestimmten Ideen suchen. Es gibt verschiedene Wege, doch der folgende Ablauf ist sehr zu empfehlen:

1. Umschreiben Sie die angestrebten Ziele oder Wünsche recht konkret, nicht nur in Gedanken. Am besten, Sie machen sich einige Notizen darüber. Manchmal werden Sie dabei bemerken, daß Sie noch gar nicht richtig wissen, was Sie wirklich erwarten. Und das ist dann der gegebene Zeitpunkt, um die Sache noch einmal zu überdenken.
2. Holen Sie Informationen ein. Sammeln Sie Beispiele. Notieren Sie alles, was Ihnen über die Sache einfällt.
3. Werten Sie Ihre Notizen aus. Sortieren Sie nach verschiedenen Kriterien. Überlegen Sie zum Beispiel, welche Notizen in bezug auf Ihre Ziele und Wünsche am wertvollsten sind, welche Beispiele Ihren Vorstellungen am ehesten entsprechen, und vergessen Sie nicht, daß man auch schon an das Budget denken sollte.
4. Denken Sie darüber nach, was Sie auf keinen Fall machen wollen, was Sie vermeiden müssen, was nicht im Rahmen Ihrer Möglichkeiten liegt. Streichen Sie alles aus Ihren Notizen, was aus diesen und anderen Gründen nicht in Frage kommt.
5. Nun sollte sich bereits eine Idee herauskristallisieren. Meistens gibt es sogar Alternativen. Fixieren Sie diese Idee schriftlich. Denken Sie noch einmal über ihre Brauchbarkeit nach.
6. Nun lassen Sie Ihre Notizen liegen. Wenn die Sache nicht zu

sehr eilt, einige Tage. Dann nehmen Sie Ihre Notizen wieder zur Hand. Wenn Sie jetzt noch von Ihrer favorisierten Idee begeistert sind und glauben, daß sie zu verwirklichen ist, dann können Sie mit gutem Gewissen den nächsten Schritt wagen« (17).

Wenn Sie ganz sicher gehen wollen, dann legen Sie sich eine *Ideenkartei* an. Denn eine solche Kartei hat sich schon oft bezahlt gemacht, und Ideen zu horten ist auch eine gute Gewohnheit.

Manchmal genügt auch ein einfacher *Zettelkasten.* Sie notieren Ihre Ideen. Sie beschreiben sie, und das Blatt wird in den Kasten gelegt. Natürlich sollten alle Zettel gleich groß sein. Besser ist auch eine kleine Kartei, alphabetisch geordnet, vielleicht auch nach Sachbereichen. Wenn man diese Kartei über mehrere Jahre führen würde, und wirklich gute Einfälle registriert, ganz gleich, ob man sie im Augenblick braucht oder nicht, dann wird eine solche Kartei zu einem wertvollen Schatzkästlein.

**Ideen kann man horten**

Ideen finden und Ideen realisieren, das sind oft zwei ganz verschiedene Dinge. Es gibt gewiß viele Ideen, die man selbst realisieren kann. Doch oft muß man sich einfach helfen lassen. Manchmal sogar von Fachleuten oder ausgesprochenen Spezialisten. Denn wenn es um Werbung geht, dann sollte die Werbung auch *nicht dilettantisch wirken*.

**Erst die Realisation gibt der Idee ihr volles Gewicht**

Wenn man Werbeerfolg erwartet, dann ist es nur natürlich, daß man dafür bereit ist, etwas einzusetzen. Werbung ohne jede Mittel zu betreiben ist in der heutigen Zeit fast unmöglich. Trotzdem sollte es Ihnen gelingen, einiges bei Ihrer Werbung selbst zu machen. Das gilt zum Beispiel für den Werbetext. Denn *Sie* kennen ja die besten Verkaufsargumente für *Ihre* Verkaufsobjekte. Und so sollte es auch nicht schwierig sein, zu guten Werbeaussagen zu kommen. Darum lesen Sie auch das nächste Kapitel sehr aufmerksam.

### 5.4.2 So kommen Sie zu wirksamen Werbeaussagen

Sie kennen gewiß die Redewendung »Ein Bild sagt mehr als tausend Worte«. Denken Sie aber einmal darüber nach, daß es auch Worte gibt, die tausend Bilder nicht wirksam und eindeutig genug beschreiben können. Es stimmt zwar, daß wir das meiste von dem, was wir erlernen, mit den Augen aufnehmen, doch die Sprache ist immer noch unser wirksamstes Kommunikationsmittel. Zudem müssen wir bedenken, daß die Schrift, die uns vieles vermittelt, auch zu den Dingen gehört, die wir mit den Augen erfassen. Und in der Schrift steckt eben der Text, von dem hier die Rede sein soll.

**Oft lohnt es sich, Fachleute heranzuziehen**

Es ist fast selbstverständlich, daß sich bestimmte Berufe herausgebildet haben, um den Bedarf an guten Texten, exakten Formulierungen, interessanten oder aktuellen Manuskripten zu decken. Das sind die Redakteure, die Schriftsteller, die Werbetexter, die Korrespondenten usw. Aber da sind auch Presse- und Werbeagenturen, die dazu beitragen, daß es an interessanten, aktuellen und wirksamen Texten nicht mangelt. Und wenn jemand solche Texte braucht, dann kann er sich an solche Spezialisten wenden, denn sie haben viel Erfahrung und können manches *schneller* und *besser* erledigen.

Trotz dieser Sachlage kann man aber nicht daran vorbeisehen, daß Texte nicht nur von Spezialisten gemacht werden. Geschäftsleute, die ihre Werbetexte selbst schreiben, sind nicht selten. Manchmal können sie es sogar besser als professionelle Texter. Das muß man zugeben, denn was an Wortgewandtheit fehlt, wird meistens durch große *Sachkenntnisse* ausgeglichen.

Wer kennt denn schon das Angebot so gut wie der Anbieter selbst. Doch manchem Geschäftsmann fehlt einfach die Zeit, um sich mit solchen Dingen zu befassen. Fragt er dann bei einer Druckerei, wer ihm wohl beim Texten zur Hand gehen kann, wird er meistens die gewünschte Auskunft erhalten, denn Druckereien pflegen zu vielen Spezialisten gute Kontakte. Manchmal ist man dort sogar in der Lage, einen kleinen Text aufzusetzen.

Doch dann gibt es noch die Möglichkeit, selbst zu texten.

Wenn man dazu Zeit hat, gibt es kaum einen Grund dafür, warum der Text nicht gelingen sollte. Wer daran zweifelt, dem wird empfohlen, den nächsten Abschnitt aufmerksam zu lesen, denn er enthält einige Hinweise, die das Texten erleichtern.

»Schreibe wie du redest, dann schreibst du schön«, soll Goethe in einem Brief an seine Schwester geschrieben haben. Das ist ein guter Hinweis, und was wollte Goethe wohl damit sagen? Allgemein herrscht die Ansicht, er habe ausdrücken wollen, daß eine einfache Schreibweise zu bevorzugen sei. Man soll sich also schriftlich genauso verständlich machen wie mündlich, ohne Schnörkel, nicht geziert, nicht gekünstelt. Danach sollte jeder schreiben können, denn das, was es braucht, um die eigenen Worte in Geschriebenes umzusetzen, hat man schließlich in der Schule gelernt. Vorausgesetzt, man hat einigermaßen aufgepaßt und nicht zu viel vergessen. **Mit Werbetexten sollte man sich Mühe geben**

Um in dieser Beziehung sicher zu gehen, sollte man sich bei Bedarf wieder mit den *Rechtschreibregeln* befassen oder sich in der *Zeichensetzung* üben, vielleicht auch im *Satzbau*. Auch aufmerksames Lesen kann helfen. Doch eigentlich kann man das *Schreiben nur durch Schreiben* lernen. Denn ab hier gilt der Satz, daß Übung den Meister macht.

Wer schreiben kann, der kann auch texten. Denn beides ist identisch. Natürlich gibt es spezielle Texte. So zum Beispiel Werbetexte. Doch auch die sollten keine Schwierigkeiten bereiten, wenn man sich einige *Grundregeln* merkt, die man später nicht nur im Bereich des Werbetextens gebrauchen kann. Und da Werbetexte bei der Werbemittelherstellung eine große Rolle spielen, folgen hier einige Anregungen, die Ihnen nützlich sein können.

1. Wer Werbetexte schreibt, sollte sich ständig um seine Sprache bemühen. Sprachbeherrschung unterstützt gute Ergebnisse.
2. Fakten sind Grundlagen des Werbetextes. Wer Werbetexte schreiben will, muß zuerst Fakten über das Angebot, die Kunden, die Konkurrenz, den Markt usw. sammeln.
3. Ein Texter muß sich immer um Verständlichkeit bemühen. Unverständliche Texte können nicht auf Erfolg hoffen.

4. Texter schreiben meistens für Leute, die sie nicht kennen. Trotzdem müssen sie versuchen, sich in die Lage dieser Leute zu versetzen, sich in sie hineinzudenken.
5. Werbetexter sollten nicht danach fragen, ob ihre Texte bewundert werden, sondern nur danach, ob die Texte wirken.
6. Der Texter muß auch daran denken, daß dem Leser nicht alles, was der Texter weiß, bekannt ist. Er kann aber auch davon ausgehen, daß der Leser manches weiß, also muß er den Weg vom Bekannten zum Neuen finden.
7. Werbetexte sollen eigentlich nichts anderes sein, als ansprechend formulierte Angebote.

Besonders beherzigen sollte man den Punkt, der sich mit den Fakten befaßt. Denn die Fakten bringen auch die Ideen. Zuerst muß man nämlich einiges über die Sache *wissen*, die Gegenstand des Textes sein soll. Dann erst kann man überzeugend darüber schreiben.

**Nur die wirksamsten Informationen verwenden**

Man kann also sagen, Texten ist Verarbeiten von eingeholten Informationen zu *neuen* Informationen. Das läßt aber schon darauf schließen, daß die *Selektion* beim Texten eine große Rolle spielt. Man verarbeitet nicht alle Informationen, sondern nur die *wirksamen*. Die wirkungsvollsten kann man dann besonders herausstellen.

Um hier konkreter zu zeigen, daß man beim Texten auf Fakten angewiesen ist, kommen wir darauf zurück, *daß Werbetexte ansprechend formulierte Angebote sind*. Will man ein Angebot verfassen, dann ist folgendes zu berücksichtigen:
a) Beschreibung des Angebotes
b) Mengen
c) Preise
d) Lieferzeiten
e) Lieferart
f) Zahlungsbedingungen.

Das sind also die Fakten. Alles, was *zusätzlich* geschrieben wird, ist *Animation durch Motivation, Argumente* und *Appelle*. Motivieren, argumentieren und appellieren kann man aber nur, wenn man entdeckt hat, daß sich etwas Gutes über das Angebot sagen läßt. Und da ist man wieder auf

Fakten, auf Tatsachen angewiesen. Das wissen wir alles auch aus dem Verkaufsgespräch, denn eines steht fest: Sie können die besten Worte, die Ihnen zur Verfügung stehen, verwenden, um Ihr Angebot herauszustellen. Es gibt nur eine Grenze, *die Wahrheit*, und Fakten sind wahr.

**Werbetexte sollen klar, wahr und wirksam sein**

Trotz vorhandener Fakten wird man auf seine Fantasie angewiesen sein. Anderenfalls wird man nur rein informative Texte schreiben. Das ist zwar rationell, aber die pure Sachlichkeit hat auch Nachteile. Man sollte bedenken, daß sich der Empfänger des Textes meistens nicht nur mit *einer* Information befaßt. Da er oft sogar bewußt Vergleiche sucht, wird er zum Beispiel mehrere Angebote einholen oder mehrere Anzeigen, Kataloge und Prospekte lesen. Bei sachlicher Gleichheit der Angebote wird dann aber dasjenige bevorzugt, das *überzeugender* wirkt, *ansprechender* ist.

Ein sehr erfahrener Texter schrieb einmal, das Werbetexten sei nichts anderes als 60% Geschäftssinn, 20% gesunder Menschenverstand und 20% Schreibtechnik. Auch das zeigt wieder, daß eigentlich jeder, der seine Sache versteht, texten kann. Die meisten Leute verfügen über gesunden Menschenverstand. Sachkenntnis kann man erwerben und die Schreibtechnik kann man ständig verbessern. Das ist gar nicht so schwierig.

Wer hat nicht schon einmal das zweitbeste Wort benutzt, weil er gerade nicht wußte, wie sich das beste Wort schreibt. Dieser Fall ist gar nicht so selten. Man verzichtet manchmal auf das treffende Wort, weil man nicht weiß, wie es geschrieben wird. Schlimmer noch, weil man keinen Duden zur Hand hat.

**Suchen Sie nach den besten Worten**

Wissen kann man nicht alles, doch wer textet, sollte immer einen Duden zur Hand haben, vielleicht sogar ein Synonymwörterbuch, denn dort kann man nach den *treffenden* Worten suchen. Auf diese Weise wird man ständig seinen Wortschatz erweitern.

Natürlich wird ein Texter auch darauf achten wie es andere machen, wird Beispiele lesen und sie zu beurteilen versuchen. Doch neben all dem, was hier bisher erwähnt wurde, trägt noch etwas anderes zum guten Gelingen des Textens bei, nämlich *die Freude an der Sache*. Man muß von dem, worüber man schreibt, überzeugt sein. Wenn man dann noch Freude am Schreiben hat, wird man leicht beweisen können, daß jedermann in der Lage ist zu texten.

### 5.4.3 Ideen – Argumente – Appelle

Über Ideen haben sie schon einiges gelesen. Aber hier muß noch einmal darauf verwiesen werden, daß jeder Werbefeldzug *einer Idee folgen muß, die mit den absatzwirtschaftlichen Tatsachen vereinbar ist.* So finden wir bereits in einer Idee den Ansatzpunkt zu unserer werblichen Arbeit. Sie wissen, daß Ideen nicht von selbst kommen und daß man sie planmäßig suchen muß. Sie wissen, daß die Faktensammlung sowohl bei der Ideensuche als auch beim Werbetexten von Bedeutung ist. Und Sie wissen, daß aus den Tatsachen, die Sie gefunden haben, nicht nur ihre Ideen, sondern auch Argumente und Appelle resultieren können, die für ihre Werbung brauchbar sind.

Ideen, Argumente und Appelle sind nicht nur die Träger des Werbetextes, sondern mitunter die Träger der Werbung und Verkaufsförderung überhaupt. Man muß nämlich den Umworbenen mit guten Ideen *begeistern*. Man muß ihn durch *fundierte* Argumente überzeugen und schließlich muß man ihn durch einen *überzeugenden* und *ermunternden* Appell dazu bewegen, im Sinne der Werbebotschaft zu handeln.

Wie Sie bei der Ideensuche verfahren, haben Sie bereits vernommen, aber wie kommen sie zu *schlagkräftigen* Argumenten? Auch diese Frage kann hier beantwortet werden. Wenn Sie für Ihr Angebot argumentieren wollen, dann müssen Sie in erster Linie Ihr Angebot kennen. Sie müssen um seine *Eigenschaften* wissen und Ihnen muß vor allen Dingen klar sein, welchen *Nutzen* Ihr Angebot dem Umworbenen, dem Kunden bringen kann. Nun, wenn Sie darüber genau informiert sind, wird es wahrscheinlich nicht schwierig sein, eine *Argumentenliste* zusammenzustellen.

**Stellen Sie den Nutzen Ihrer Angebote heraus**

Womit können Sie also argumentieren? Grundsätzlich mit den

*Vorzügen* Ihres Angebotes. Allgemein ausgedrückt etwa mit der Wirtschaftlichkeit, mit der Formschönheit, mit der Echtheit, mit einer Garantie, einer besonderen Wirkung usw. Vor allem müssen sie darauf achten, daß sie solche Argumente auswählen, die *nicht Sie, sondern ihre Kunden* interessieren könnten. Denn was Sie interessiert, braucht den Kunden längst nicht zu interessieren.

Ihre Argumentation darf *nie abstrakt* wirken. Tote Worte haben keine Wirkung oder werden nicht einmal verstanden. Nur *lebendige Argumentation* in Werbung und Verkaufsförderung wirkt glaubhaft. Vor allem dann, wenn man mit *Begriffen aus dem Bereich der Umworbenen* arbeitet. Es kommt also auch darauf an, daß Sie, wenn Sie erfolgreich werben wollen, wissen, *was* Ihre Kunden wünschen. **Formulieren Sie lebendig**

Berücksichtigen müssen sie aber auch, daß Argumente nicht nur aus einzelnen Worten bestehen. Gewiß, Worte bilden die Basis eines jeden Arguments, informierende Worte zum Beispiel oder bestätigende oder auch lobende, erläuternde Worte. Darum ist es ein Vorteil, die argumentativ zum Angebot passenden Worte zu notieren. Das können Sie eben in Form einer Argumentenliste machen. Aber wie erwähnt, einzelne Argumente reichen noch nicht aus, um glaubhaft argumentieren zu können. Sie müssen die *Argumente immer wieder mit Fakten verbinden* und dann kommt es natürlich auch darauf an, wie Sie Ihre Argumente verpacken. Ein guter Tip in dieser Beziehung ist der, daß sie möglichst viele *aktivierende Verben verwenden*, wenn es um die Argumentation in Ihrer Werbung geht.

Vor allen Dingen sollten Sie Ihre Argumente ständig überprüfen. Sie sollten sich fragen, ob man ihren Argumenten wirklich Glauben schenken wird. Wenn nicht, so müssen Sie damit rechnen, daß die Umworbenen Ihrer Werbebotschaft sehr skeptisch gegenüberstehen. Es ist ja bekannt, daß der Leser bei der Aufnahme einer Werbebotschaft sehr kritisch ist und die Tendenz zur Kritik wird nicht geringer.

Ist der Leser durch Ihre Argumente gut vorbereitet worden, so muß er aufgefordert werden, der Werbebotschaft zu folgen. Argumente allein genügen eben nicht, um eine Werbebotschaft voll zur Wirkung zu bringen. Man kann auf einen Appell meistens nicht verzichten.

Bei einem Appell können Sie von verschiedenen Voraussetzungen ausgehen. Etwa vom Selbstbewußtsein oder gar von der Selbsterhaltung, man kann aber auch an die Eitelkeit appellieren oder an den Snobismus, andererseits an das Nationalgefühl, die Häuslichkeit oder die Bequemlichkeit. So könnte man noch manchen Anregungen folgen, nur sollte immer daran gedacht werden, daß auch die Appelle in irgend einer Weise *mit dem Angebot in Verbindung stehen müssen.*

**Weisen Sie den Umworbenen den Weg**

Sie sollten auf jeden Fall dem Umworbenen sagen, *was er tun muß, um von ihrem Angebot Gebrauch zu machen.* Sie müssen ihn auffordern, im Sinne Ihrer Werbebotschaft zu handeln, denn wenn Sie es nicht tun, überlassen Sie es der Konkurrenz, die sich nicht scheuen wird, ihrem Umworbenen klar zu sagen, was er unternehmen muß, um in den Besitz des Angebotes zu kommen.

Es ist nicht unbedingt erforderlich, daß der Werbeappell am Ende einer Werbebotschaft erscheint, man könnte ihn selbst in der Schlagzeile unterbringen. Der *Schlußappell* hat allerdings den Vorteil, daß der Umworbene gerade in dem Augenblick zur Aktion gebracht werden kann, in dem die Argumentation noch wirksam ist. Er braucht nicht mehr nach einer Aufforderung zu suchen, die ihn in seiner durch die Argumentation gewonnenen Überzeugung bestärkt. Aus diesem Grund werden Appelle auch oft auf *Gutscheinen* oder *Coupons* angebracht.

Für alle, die verkaufen, ist aber noch eines wichtig: Werbeargumente und Werbeappelle sollten mit den Argumenten und Appellen, die während des Verkaufsgesprächs benutzt werden, möglichst *identisch* sein. Es geht nicht an, daß man in der Werbung anders argumentiert als im Verkaufsgespräch. Dadurch könnte man den Kunden verunsichern.

## 5.4.4 So organisiert man verkaufsfördernde Werbung

Wenn Sie sich bereits mit Organisation befaßt haben, dann werden Sie wissen, daß man Organisieren als Gestalten nach Ordnungsprinzipien verstehen kann. Das ist bei der Werbeplanung nicht anders. Und die Werbeplanung sollte wie jede andere Planung fixiert, also *schriftlich* festgehalten werden.

**Organisation ist auch in der Werbung nicht Selbstzweck**

Wir müssen uns, wenn wir planen wollen, mit einigen Voraussetzungen befassen, die bei der Werbeplanung wichtig sind. Voraussetzung ist zum Beispiel, daß der Werbeplan nicht anders aussehen darf, als im Marketing-Plan vorgesehen. Wir müssen uns also nach den Werbezielen richten, die aus den Marketing-Zielen resultieren. Und wenn wir die wichtigsten Gegebenheiten zusammenfassen, die von Werbern bei der Planung zu berücksichtigen sind, so können wir folgende Punkte nennen:
- Absatzziel
- geplante Absatzquote
- Grenzen des Marktfeldes
- Absatzwege
- Absatzmethode
- bisheriger Marktanteil
- vorhandene Konkurrenten
- Marktanteile der Konkurrenten
- Absatzwege der Konkurrenten
- Absatzmethoden der Konkurrenten
- abzusetzende Ware oder Dienstleistung
- Konkurrenzangebote
- Preise der Angebote
- Konkurrenzpreise
- voraussichtliche Käufer
- voraussichtliche Kaufmotive
- bisher verwendete Werbemittel
- Werbemittel der Konkurrenz
- Höhe des Werbe-Etats
- Werbeziel.

Mit Absicht erscheint das Werbeziel an letzter Stelle, denn die vorher aufgezeigten Gegebenheiten können das Werbeziel beeinflussen oder müssen, entgegengesetzt betrachtet, durch das Erreichen des Werbeziels beeinflußt werden.

Die logische Folge dieser Liste, die nach der Nennung des Werbeetats mit dem Werbeziel endet, ist nämlich die, daß *alle* aufgezählten Fakten mit dem vorgesehenen Etatmittel im Sinne des Werbeziels zu beeinflussen sind. Werbeorganisation oder Werbeplanung heißt also auch immer, sich *im Rahmen des Etats* zu bewegen.

Stellen wir nun die Frage, worum es hauptsächlich bei der Werbeorganisation geht, dann müssen wir folgende Punkte festhalten:
1. um die Werbegesamtplanung
2. um die Werbedetailplanung
3. um die Planung der Werbemittelherstellung
4. um die Streuplanung
5. um die Werbeerfolgskontrolle und Korrektur.

Eingeschlossen in diese Bereiche sind andere Vorgänge, die auch geplant werden müssen, wie etwa die *Finanzierung* und die *Werbekostenrechnung*. Doch hätte es keinen großen Nutzen, Einzelheiten organisatorisch *auszuweiten*. Darum konzentriert sich das folgende auf die oben genannten Bereiche.

**Wer wirbt, muß auch mit Aufwand rechnen**

Wir wollen auch hier noch einmal den Werbeetat in den Vordergrund stellen. Allerdings werden bei der Etatsummen-Bestimmung *Marktfeld*, *Werbeaufgabe* und *Zeitspanne* bereits eine Rolle spielen. Wenn auch die Praxis die Bestimmung der Etathöhe nicht nach gleichen Regeln vornimmt, so gibt es doch ganz bestimmte Merkmale, nach denen der Werbeetat größtenteils festgelegt wird. Wir wollen uns die verschiedenen Möglichkeiten merken:
a) Man bestimmt die Etatsumme nach den Erfordernissen des Werbeziels, also man kalkuliert, welche Mittel benötigt werden, um das Werbeziel zu erreichen.
b) Die Etatsumme wird prozentual nach dem Umsatz des vergangenen Geschäftsjahres festgelegt.
c) Die Etatsumme wird nach dem Durchschnitt mehrerer Geschäftsjahre prozentual errechnet.
d) Die Etathöhe wird prozentual nach den Geschäftsergebnis-

sen der vergangenen Jahre berechnet, wobei steigende Umsatztendenz zu einem zusätzlichen Prozentanteil für Werbezwecke führt.
e) Die Etathöhe wird über mehrere Jahre unverändert beibehalten.
f) Der Etat wird nach den Gegebenheiten der gesamtbetrieblichen Finanzlage festgesetzt, man setzt also soviel als Werbeetat ein, wie man aufgrund der finanziellen Lage für Werbezwecke erübrigen kann bzw. erübrigen zu können glaubt.
g) Man bestimmt die Etathöhe mehr oder weniger willkürlich.
h) Man legt die Höhe des Etats überhaupt nicht fest und entscheidet von Fall zu Fall, ob die erforderlichen Mittel für Werbezwecke freigegeben werden können.

Alle hier genannten Methoden *werden in der Praxis angewendet* und es ist zu erkennen, daß bereits die Etatfestsetzung auf die Planung und auf das Erreichen des Werbezieles einwirken kann. Während die erstgenannte Methode (a) zweifelsohne im Sinne der Werbeplanung die *vernünftigste* ist, macht die zuletzt genannte Methode eine sinnvolle Vorausplanung fast unmöglich (h).

Es ist sehr unvorteilhaft, daß in vielen Fällen der Werber nur geringen Einfluß auf die Etatfestsetzung hat. Die Etatmittel werden zumeist endgültig von der Geschäftsleitung bestimmt. Ist dem Werber aber einmal die Etatsumme mitgeteilt worden, so kann er mit der Planung beginnen. Für ihn ist die Etatverteilung nun vorwiegend eine Frage des Mitteleinsatzes. Zeichnen wir die Lage noch einmal deutlich, so sehen wir, daß bestimmte Daten des Marktes festliegen. Auch die Unternehmensdaten liegen fest. Unbestimmt sind noch die *Wechselwirkungen* zwischen Werbemaßnahmen und Marktgeschehen. **Der Mitteleinsatz kann den Werbeerfolg stark beeinflussen**

Während die *langfristigen Pläne* von Beginn der Werbekampagne bis zur Erreichung des Werbeziels in *Umrissen* den Verlauf des *gesamten* Werbefeldzuges festlegen müssen, werden die *Periodenpläne* sich zumeist auf die Werbung innerhalb eines Geschäftsjahres konzentrieren, die *kurzfristigen Pläne* dagegen auf einzelne Werbeaktionen.

Eine Gesamtplanung hat natürlich nur dann Sinn, wenn große

Werbevorhaben geplant sind, die im Sinne des Marketingziels sogar über Jahre hinaus wirksam bleiben sollen.

Der Gesamt-Werbeplan gleicht einer Konzeption, die in großen Zügen das *Werbeverhalten für einen längeren Zeitraum* bestimmt. Es ist kaum möglich, und auch unzweckmäßig, einen Gesamtplan, der evtl. über mehrere Jahre reicht, in allen Einzelheiten festzulegen. Die erwähnten *Wechselwirkungen* zwischen Werbemaßnahmen und Marktgeschehen, die Möglichkeit, neue Werbemedien zu nutzen, das Auftauchen ganz neuer Konkurrenzgegebenheiten und ein Wandel der Verbrauchergewohnheiten zwingen dazu, einen Gesamtplan aufzustellen, der im Sinne der Periodenpläne *beweglich* bleibt.

**Langfristige Planung muß genügend Spielraum lassen**

Wir sehen also, daß wir bei der Gesamtplanung die verschiedensten Gegebenheiten des Marktes berücksichtigen müssen. Daß wir sowohl auf das Unternehmensziel als auch auf das Marketingziel zu achten haben und ebenso die Produkte, für die wir werben, als auch die Umworbenen in unsere Überlegungen einbeziehen müssen. Diese Faktoren sind aber nicht nur bei den Gesamtplänen zu beachten, sondern müssen auch bei der Detailplanung berücksichtigt werden. Allerdings in vereinfachter Weise, nur um uns die Gewißheit zu geben, daß wir von richtigen Ansätzen ausgehen.

So stellen wir uns also bei jeder Planungsaufgabe noch einmal grundsätzlich vier Fragen:
1. Was ist es, wofür wir werben?
2. Wen wollen wir umwerben?
3. Wo soll geworben werden?
4. Wann soll geworben werden?

Mit *was* meinen wir das Produkt. Mit *wem* meinen wir die Umworbenen, mit der Frage *Wo* weisen wir auf den Ort hin, wo geworben werden soll, und die Frage *Wann* bezieht sich auf die Zeit. Zu diesen Fragen müssen sich aber noch weitere Fragen gesellen. So zum Beispiel:
a) Welche Werbebotschaft wollen wir streuen?
b) Wie soll die Werbebotschaft gestaltet werden?
c) Wodurch soll die Werbebotschaft gestreut werden?

Diese Fragen weisen uns darauf hin, daß die Argumentation festgelegt werden muß, daß man sich über Inhalt und Aussage der Werbebotschaft Gedanken machen sollte, und ebenso sollte man sich klar darüber sein, welche Form die Botschaft bei der Gestaltung erhält, ob sie als Anzeige, als Plakat oder als anderes Werbemittel zu gestalten ist. Schließlich soll man auch den *Träger* der Werbung bestimmen, also ob eine Anzeige zum Beispiel mittels Tageszeitung oder Wochenzeitung gestreut werden oder ob sie besser in einer Zeitschrift erscheinen soll.

Diese Überlegungen müssen wir treffen, um zu *Plandaten* zu kommen. Und damit sind wir schon mitten in der Detailplanung. Die Plandaten gliedern wir am besten wieder in drei Gruppen, die bei einer Planung gleich wichtig sind:
1. Sachdaten,
2. Kostendaten,
3. Termindaten.

Als Sachdaten können wir zum Beispiel die Werbemittel, als Kostendaten die Materialkosten oder die Gestaltungs- und Streukosten berücksichtigen. Termindaten sollten wir hauptsächlich mit Streudaten in Verbindung bringen, bei Einzelplänen aber auch mit Daten der Auftragsvergabe, des Herstellungsverlaufs und der Fertigstellungstermine.

Wenn Sie diesen Überlegungen folgen, können Sie Werbepläne nach verschiedenen Schemen gestalten. Wie man das macht, ist eigentlich weniger wichtig. Sie brauchen da keiner allgemeinen Linie zu folgen, sondern können sich ganz nach den *individuellen Gegebenheiten in Ihrem Unternehmen* richten. Wer Pläne nach den genannten Grundlagen aufbaut, der sollte sich bei der Planung vor allem nach der *betrieblichen Notwendigkeit* richten und nach der Art, wie man wirbt. Setzt man zum Beispiel nur Fernsehwerbung und Anzeigen ein, dann kann ein Werbeplan anders aussehen, als wenn man noch gleichzeitig Direktwerbung, Plakatwerbung, Diawerbung und Rundfunkwerbung betreibt.

**Planen Sie so, wie es Ihr Unternehmen erfordert**

Gehen Sie davon aus, daß wir mit Organisieren nichts anderes meinen, als einen sachlichen und termingerechten Ablauf einer Aufgabe nach Organisationsprinzipien. Das heißt aber auch, daß wir unsere Arbeit weitgehend systematisieren und vereinheitlichen müssen. Wir dürfen niemals so arbeiten, daß nur *wir* über die Abwicklung eines Werbeauftrages informiert sind, sondern so, daß andere werbliche Mitarbeiter unsere Arbeit notfalls weiterverfolgen und zu Ende führen können.

Die Herstellung einheitlicher Organisationsunterlagen erleichtert die Arbeit im genannten Sinne, denn sie gewährleisten die Übersicht in bezug auf die *Auftragsabwicklung*, dienen später dem *Vergleich* und spielen schließlich als *Beleg* auch noch eine Rolle.

**Innerhalb des Unternehmens sollte die Werbeorganisation einheitlich sein**

Einheitliche Organisationsprinzipien sollten auch für die Organisation der Werbemittelherstellung gelten. Wir können zum Beispiel einheitliche *Organisationsblätter* anlegen, die die wichtigsten *Gestaltungs-, Produktions- und Kostendaten* enthalten. Dazu verwendet man am besten ein DIN-A4-Blatt. Darauf vermerken wir grundsätzlich, für *welches* Erzeugnis geworben wird und numerieren alle Drucksachen fortlaufend innerhalb eines Jahres. Die Jahreszahl setzen wir hinter die Drucksachen- bzw. Werbemittelnummer. Daß sowohl der Titel der Drucksache, als auch der Inhalt vermerkt werden, ist wichtig, weil die Möglichkeit besteht, daß *mehrere* Werbemittel bzw. Drucksachen unter demselben Titel laufen, aber mit einem *anderen Inhalt* versehen sind.

Nach diesen Angaben wird die Drucksache oder das Werbemittel beschrieben, damit wir *eindeutig* festlegen, *was* produziert werden soll. *Umfang* und *Auflage* spielen dabei eine besondere Rolle im Hinblick auf die *Kosten*, die auch im Organisationsblatt behandelt werden sollen.

Sie wissen wahrscheinlich auch, daß es sehr zweckmäßig ist, für jede Herstellungsphase mindestens drei Angebote einzuholen. Diese Angebote – und vor allen Dingen ihre Preise – sollten Sie auch im Organisationsblatt vermerken, und zwar in der Reihenfolge des Eingangs der Angebote. Die Preise der uns am günstigsten erscheinenden Angebote *unterstreichen* wir. So haben wir sofort eine Übersicht und können eventuell leichter entscheiden. Ein Vergleich aller Angebote zeigt uns auch, ob die vom Etat zugewiesene Summe ausreicht, um die entstehenden Kosten zu decken.

Ein Abschnitt des Organisationsblattes sollte sich mit der Gestaltung befassen. Gerade hier geht es um eine strenge *Terminüberwachung*, da meistens ein Gestaltungsabschnitt auf den anderen angewiesen ist. Auch die zur Verwendung kommenden Druckunterlagen sollten registriert werden. Schließlich werden noch die *effektiven Termine* eingesetzt, die als *Richtschnur für den gesamten Produktionsablauf* dienen.

Das Organisationsblatt sollten sie auch zu Rate ziehen, wenn es um die Kostenkontrolle geht. Aber um die Gesamtkosten zu überwachen, müßten sie auch die Organisation der *Streuung* miteinbeziehen. **Organisation sollte auch Kontrollen berücksichtigen**

Als Streuung bezeichnet man den Vorgang der Verbreitung von Werbemitteln. Jeder Werber sollte daran interessiert sein, möglichst gezielt zu streuen. Es gibt nämlich keine andere wirksame Streuung, als die gezielte. Selbst breiteste Streuung, etwa einem Schrotschuß vergleichbar, ist gezielt, wie auch ein Schrotschuß gezielt ist. Dabei wissen wir genau – wie beim Schrotschuß – daß nicht jedes Teilchen der Ladung trifft. Wir wissen aber ebenfalls, daß durch Zufall unbeabsichtigte Treffer erzielt werden, d. h. wir erreichen mit unserer Werbung nicht unbedingt alle Umworbenen, die wir erreichen wollen. Wir erreichen aber bei breiter Streuung auch solche, die wir vorher gar nicht eingeplant hatten. Daß auch von den zuletzt genannten zufällig Umworbenen verschiedene zu denjenigen gehören können, die unserer Werbebotschaft folgen, ist durchaus erwiesen. Fest steht aber: Je *genauer* wir unser *Zielpublikum* kennen, je sorgfältiger wir unsere Medien auswählen, um so mehr Umworbene werden wir *planmäßig* erreichen.

Bei unseren Überlegungen zur Streuplanung spielen einmal die Umworbenen, also Gruppen oder Einzelpersonen, eine Rolle, zum anderen aber auch die Gebiete, in denen die Werbung gestreut werden soll. Manche Werbeträger streuen regional begrenzt, und so ist es bisweilen nur durch *Kombination* mehrerer Werbeträger möglich, ganz bestimmte Gruppen zu umwerben. Andere Werbeträger streuen überregional, also eignen sich nur, wenn die zu erreichenden Gruppen überre- **Werbemittelstreuung ist ein bedeutender Kostenfaktor** gional anzutreffen sind. Besonders wichtig ist also die *Auswahl* der *Streumittel.* Das setzt jedoch voraus, daß dem Werber die wichtigsten Streumittel bekannt sind.

Auf diesem Gebiet die notwendigen Kenntnisse zu erwerben, ist gar nicht so einfach, oft sogar langwierig. Darum hier der gut gemeinte Rat, einen *Werbungsmittler* in Anspruch zu nehmen, denn dabei kann man Zeit und Geld sparen.

Werbungsmittler vermitteln unter eigenem Namen für fremde Rechnung Werbeaufträge. In diesem Rahmen befassen sie sich auch mit der Vermittlung von Anzeigenraum, mit der Vermittlung von Einschaltzeiten für Funk und Fernsehen, mit der Plakatierung, der Kinowerbung usw.

Der Vorteil für den Werbungtreibenden liegt darin, daß nicht er den Werbungsmittler honoriert, sondern das Unternehmen, welches den Werbeträger zur Verfügung stellt. Der Werbungsmittler nimmt zum Beispiel die Anzeige entgegen und expediert sie weiter. Er führt die entsprechende Korrespondenz mit den Insertionsorganen, nimmt die Rechnungen entgegen und prüft das Erscheinen und die Erscheinungsform der Anzeigen. Er deckt seine Kosten durch die *Provision,* die er von den Verlagen und anderen Streumittelinhabern erhält. Dadurch kann er dem Kunden die Originalpreise berechnen, die dieser Kunde auch ohne Einschaltung des Werbemittlers hätte zahlen müssen. Also bietet die Einschaltung des Werbungsmittlers administrative Erleichterung. Zudem kann ein guter Mittlungskunde auch oft von der *Erfahrung* des Mittlers profitieren, wenn es darum geht eine Auswahl erfolgversprechender Werbeträger zu treffen oder die günstigsten Zusammenstellungen in bezug auf die Mal- oder Mengenstaffel oder andere Rabatte vorzunehmen.

**Kontrollieren Sie die Reaktion auf Ihre Werbung**

Haben wir mit der Streuung der Werbemittel begonnen, dann müssen wir den Stand der Streuung fortwährend überprüfen. Nicht nur, daß wir die Belegexemplare der erschienenen Anzeigen zu kontrollieren hätten, denn das könnte uns ja eventuell ein Werbungsmittler abnehmen. Wichtiger sind die *Reaktionen,* die wir ja aufgrund unserer Werbung von dem Umworbenen erwarten. In diesem Zusasmmenhang müssen wir in unsere Organisation auch die *Werbeerfolgskontrolle* einbeziehen.

Es ist sehr schwirig, genaue Werbeerfolgskontrollen durchzuführen, denn nur schwer läßt sich feststellen, ob es allein die Wirkung der Werbung war, die zum Werbeerfolg führte, oder ob andere Marketingmaßnahmen dabei mitgewirkt haben.

Aus diesem Grunde sollte man alles, was wirklich prüfbar ist, kontrollieren. In diesem Zusammenhang empfiehlt es sich, alle Werbemittel, bei denen es möglich ist, mit einem Kennzeichen zu versehen. Zum Beispiel chiffriert oder kodiert. Das ist bei der Anzeigenwerbung möglich, aber auch bei der Prospektwerbung, ebenso bei der Direktwerbung mit Briefen.

Bei der Anzeigenwerbung kann man oft herausfinden, welche Werbeträger die Werbebotschaft erfolgreich verbreiteten und welche Werbeträger am Werbeerfolg weniger beteiligt waren. Gerade in dieser Hinsicht sind strengste Kontrollen notwendig. Die Etatbelastung durch Streukosten ist fast immer enorm und deshalb sollten wirklich nur die wirksamsten Werbeträger eingesetzt werden.

Wenn man während der Werbekampagne mit Coupons oder Rückantwortkarten arbeiten konnte, dann ist es möglich, die Kosten für eine Bestellung der Rückantwort zu ermitteln. Hat die Aktion zum Beispiel 10 000 DM gekostet, und sind dabei 500 Bestellungen eingegangen, so kostet jede Bestellung 20 DM. Kostet der angebotene Artikel, der aufgrund der Bestellung verkauft wird 200 DM, so ist er mit 10 % Werbekosten belastet. Aber auch hier müssen wir hinzufügen, daß in dem Fall von anderen absatzfördernden Maßnahmen nicht die Rede war. Falls auch noch *andere* absatzfördernde Maßnahmen im Spiel waren, müßten auch die Kosten für diese Maßnahmen berechnet werden.

Und noch eines ist wichtig zu wissen: Werbeerfolgskontrollen haben nicht den Zweck, Schuldige für aufgetauchte Fehler zu suchen. Sie haben vielmehr nur dann Sinn, wenn die Kontrollergebnisse dazu benutzt werden, die künftige Werbung zu verbessern. Wenn es um den Werbeerfolg geht, dann sollten

**Kontrollen sollen weniger der Kritik als der Korrektur dienen**

sie alle Teile einer Kampagne beibehalten, die Erfolg bewiesen haben und Erfolg erwarten lassen. Und zwar *so lange, bis ihre Wirkung nachläßt.* Alles andere sollten sie zu verändern, zu verbessern versuchen.

### 5.4.5 Werbemittel – Werbehilfen

**Nicht nur Werbemittel lassen sich werblich nutzen**

Dieses Kapitel kann Ihnen Nutzen bringen, wenn Sie darüber nachdenken, *welche Werbemittel* Sie einsetzen können. Denn eines soll von vornherein gesagt sein. Wir unterscheiden Werbemittel und Werbehilfen dadurch, daß Werbemittel *speziell für die Werbung hergestellt* werden, Werbehilfen aber solche Wirkungsträger sind, die an sich *noch einem anderen Zweck dienen,* die aber trotzdem werblich wirken. Das ist natürlich von den Kosten her sehr interessant. Wenn wir nämlich Dinge *sowieso* brauchen, um ein Geschäft betreiben zu können, und wenn wir diese Dinge dann durch geringe Zusätze werblich so gestalten können, daß sie starke Werbewirkung ausstrahlen, dann wird unsere Werbung *preiswert,* und besonders im Bereich der *Verkaufsförderung* läßt sich manche Werbehilfe einsetzen.

Bemerken müssen wir noch, daß in der Praxis und in der Theorie manchmal andere Bezeichnungen auftauchen. Man spricht dort nicht immer von Werbemitteln und Werbehilfen, sondern von Werbemitteln erster Ordnung und Werbemitteln zweiter Ordnung oder von Hauptwerbemitteln und Nebenwerbemitteln. Das ist aber nicht so interessant wie die Tatsache, daß es zwei mögliche Arten der Umwerbung gibt, nämlich einmal mit solchen Mitteln, die speziell für die Werbung gemacht werden, also auch nur im Werbebereich Kosten verursachen und zum anderen Werbung mit solchen Mitteln, die noch einem anderen Zweck dienen, *deren Kosten sich also auch auf außerwerbliche Bereiche verteilen lassen.*

Denken wir zuerst einmal an die klassischen Werbemittel. Welche Bereiche haben wir da, die heute hauptsächlich auftreten. Versuchen wir es mit einer kurzen Aufzählung:
– Anzeigenwerbung
– Fernsehwerbung

- Rundfunkwerbung
- Film- und Diapositivwerbung
- Außenwerbung
- Druckschriftenwerbung
- Werbung durch Messen und Ausstellungen
- Werbung am Ort des Wiederverkaufs
- Werbesonderveranstaltungen mit sonstigen Werbemitteln.

Nun, das ist eine kurze Zusammenfassung, die wir aber noch weiter aufschlüsseln könnten. Wir könnten zum Beispiel zur Anregung hier einige Werbemittel nennen, die wir bei unserer Werbung einsetzen können. Lassen sie uns dies in alphabetischer Reihenfolge tun:

Anschlagplakat, Ausstellungen, Beilagen, Broschüren, Dauerplakate, Diapositive, Fernsehwerbung, Flugblätter, Funkwerbung, Inserate, Kataloge, Lichtwerbung, Luftwerbung, Massenwerbebriefe, Prospekte, Raumausstattungswerbung, Schaufenster, Werbeaktionen, Werbebücher, Werbefilme, Werbegeschenke, Werbegespräche, Werbemale, Werbepackungen, Werbereden, Werbezeitschriften.

Das waren gewiß nicht alle Werbemittel, Ihnen sollte diese Aufzählung nur als Anregung dienen. Wir müssen aber noch eine Unterscheidung berücksichtigten, die für Sie wichtig sein könnte, wenn Sie mit Werbemitteln umgehen. Es gibt nämlich zwei Arten der Umwerbung, die *Einzelumwerbung* und die *Mengenumwerbung*. Das heißt, wir können uns einmal direkt an Personen wenden, persönlich, oder durch persönliche Briefe oder durch Telefonate, zum anderen können wir uns aber an die Menge, an eine Zielgruppe, wenden. Wichtig ist diese Unterscheidung vor allem beim Verkauf und bei der Verkaufsförderung. Denn – und das vergißt mancher – ein großer Teil des Verkaufsgespräches muß als *Werbegespräch* gesehen werden.

**Verkaufsgespräche müssen auch Werbegespräche sein**

Wie wichtig diese Erkenntnis ist, merken wir erst, wenn wir uns mit den Kosten befassen, die der werbliche Anteil des Verkaufsgesprächs verursacht. Wir können nämlich davon ausgehen, daß 20 % der gesamten Arbeitszeit des Verkaufspersonals als werblicher Anteil des Verkaufsgesprächs gelten können. Beziehen wir dies nun auf den Einzelhandel und beachten wir die Gesamtlohnkosten in der Bundesrepublik, dann kommen wir leicht auf einen Betrag von etwa 4 Mrd. D-Mark jährlich, der für den werblichen Teil des Verkaufsgespräches einzusetzen wäre. Eine ungeheuerliche Summe, die uns zum Nachdenken Anlaß geben und auch zu *Konsequenzen führen sollte. Wenn wir nämlich wissen, daß wir für den werblichen Anteil des Verkaufsgesprächs so viel bezahlen müssen, dann muß uns auch klar sein, daß der werbliche Anteil des Verkaufsgespräches von höchster Qualität sein sollte.* Dann müssen wir eine Rechnung aufmachen, die uns beweist, daß es sehr ökonomisch ist, für das *Training* der Verkaufskräfte einiges zu tun, damit die Kosten für den werblichen Anteil des Verkaufsgespräches letzten Endes auch gerechtfertigt sind, d. h. daß diese werblichen Anteile des Verkaufsgespräches auch zu *Verkaufserfolgen* führen.

Hiermit sind wir an der Stelle angelangt, an der wir in den Bereich der Werbehilfen übertreten können. Denn, überlegen Sie einmal, Verkaufsgespräche müssen wir ohnehin führen, und der werbliche Anteil ist ja in das ganze Verkaufsgespräch eingebettet. Also haben wir hier schon eine Kombination von Notwendigem und zusätzlicher Werbemöglichkeit. D. h. aber andererseits, daß ein Verkaufsgespräch, das nicht werbend wirkt, eigentlich gar kein *richtiges* Verkaufsgespräch ist.

**Streben Sie bei einfachem Aufwand Mehrfachnutzen an**

Welches sind aber die Werbehilfen, die wir so günstig nutzen können? Nun, auch das läßt sich am besten konkret erklären. Denken Sie einmal daran, daß viele Firmen eigene Fahrzeuge besitzen, Personenkraftwagen, Lastwagen und andere Fahrzeuge, die zur Aufrechterhaltung des Betriebes notwendig sind. Schauen Sie sich einmal in der Praxis um. Sind alle Fahrzeuge, die Unternehmen gehören, wirklich *werblich* gestaltet? Gewiß, einige sind es, mitunter sogar sehr schön. Aber viele Fahrzeuge haben noch immer einen neutralen Charakter und es gibt kaum einen Grund dafür, daß Firmenfahrzeuge nicht werblich gestaltet werden.

Wenn Sie während der letzten Jahre zum Beispiel in Paris waren, dann werden Sie festgestellt haben, daß man heute mit mobilen Anschlagflächen arbeitet. Es gibt dort Lastwagen, auf denen eine mobile Anschlagfläche montiert wurde. Von beiden Seiten können diese Anschlagflächen mit großen Plakaten beklebt werden und die Lastwagen, die sich nun durch die ganze Stadt und besonders in solchen Zonen bewegen, in denen starker Fußgängerverkehr ist, bringen natürlich eine schnellere Verbreitung der Werbebotschaft, als dies an stationären Plakatwänden möglich ist. Stellen Sie sich nun vor, daß Sie mit den Lastkraftwagen in ihrem Unternehmen etwas ähnliches machen.

Daß Lastkraftwagen werblich gestaltet werden, kurz nach dem Kauf in speziellen Spritzwerken schon mit den Firmenfarben oder mit der Firmenmarke oder dem Firmennamen versehen, ist heute zum Teil üblich. Anderseits könnten Sie aber auch ihren Firmenwagen an beiden Seiten und auch an der Rückfront, falls sich da keine Tür befindet, mit Plakatwänden versehen, die Sie genauso wie bei der mobilen Plakatwerbung immer wieder mit *neuen* Plakaten bekleben könnten. Sie könnten aber auch weiße Flächen dort aufbringen und diese Flächen mit farbigen Schriften, natürlich wetterfest, versehen. So könnten Sie immer wieder neue Werbeslogans in Umlauf bringen, ohne daß es Streukosten verursachte.

**Werden Ihre Fahrzeuge verkaufsfördernd genutzt?**

Dies ist nun wirklich ein klassischer Fall von Werbehilfen. Sie sehen, die Fahrzeuge brauchen Sie ohnehin. Kosten entstehen nur bei der werblichen Gestaltung, Streukosten entfallen.

Wenn Sie nun bedenken, daß außer den Lastkraftwagen noch unzählige Firmen-Pkw auf den Straßen fahren, dann müssen Sie sich doch die Frage stellen, warum auch hier verhältnismäßig wenig *werblich* gestaltete Fahrzeuge zu sehen sind. Nun, das scheitert oft an den Mitarbeitern, die diese Wagen fahren. Eigentlich ist das unverständlich. Denn von einem Mitarbeiter, der bei einem Unternehmen arbeitet und dort sein gutes Geld verdient, könnte man auch *volle Identifikation* mit diesem Unternehmen verlangen. Gewiß, niemand wird erwarten, daß ein Mitarbeiter eines Unternehmens seinen privaten Personenwagen mit Firmenwerbung schmückt, aber wenn ein Mitarbeiter ein *Dienstfahrzeug* zur Verfügung gestellt bekommt, so wäre es doch nur recht und billig, wenn dieses Fahrzeug als Firmenfahrzeug gekennzeichnet wäre und wenn dieses Fahrzeug auch *werblich gestaltet* werden könnte.

Der Widerstand solchen Maßnahmen gegenüber scheint besonders in den Chefetagen stark zu sein. Aber gerade dort sollte man erwarten können, daß volle Identifikation mit dem Unternehmen bestände.

Stellen Sie sich einmal die enorme Werbewirkung vor, die ausgelöst werden könnte, wenn die gesamte Personenkraftwagenflotte eines Großunternehmens werblich wirksam gestaltet würde. Man könnte auf diese Weise geradezu *klassische Verkaufsförderungsmaßnahmen* – zum Beispiel bei der Neueinführung von Produkten – forcieren. Aber das müßte erst einmal ernsthaft zur Diskussion gestellt werden, bis solche Maßnahmen sich wirklich realisieren lassen.

**Fast jede Geschäftsdrucksache könnte verkaufsfördernd wirken**

Gehen wir aber weiter, denn Kraftwagen sind nicht die einzigen Werbehilfen, auf die man zurückgreifen kann. Denken Sie doch nur einmal daran, welch einen Unterschied es bei der Herstellung von Geschäftspapieren gibt. Wir treffen in der Praxis immer noch auf Briefbögen, die nichtssagend gestaltet sind. Andererseits sehen wir aber auch wirklich gut gestaltete Geschäftspost. Geschäftsbriefe, die nicht nur inhaltlich werbenden Charakter haben, sondern auch schon von der *äußeren Aufmachung* her Werbewirkung erzeugen können.

Lassen Sie uns einen Augenblick lang das Thema Werbebrief weiter verfolgen. Denn Werbebriefe können ungeheuer verkaufsfördernd wirken, auf der anderen Seite aber auch verkaufshemmend sein. Denken Sie doch nur einmal an Mahnbescheide. Ob sich jemand von Ihrem Unternehmen verständnisvoll behandelt sieht oder ob er einen groben Mahnbrief erhält, das ist von der Werbewirkung her ein bedeutender Unterschied. Aber denken Sie auch an die vielen Angebote,

**Werbende Angebote sind trokkenen Sachangeboten überlegen**

die geschrieben werden. Angebote machen Sie *sowieso*, aber Sie können diese Angebote auch zu Werbehilfen machen, indem Sie diese Angebote werblich untermauern. *Jedes Angebot sollte ein Werbebrief sein*. Das ist ein Grundsatz, den Sie beherzigen sollten.

**Die verkaufsfördernde Packung hat an Bedeutung gewonnen**

Werbehilfen finden wir aber auch vor allem im Bereich von *Packung* und *Verpackung*. Packungen können werblich gut und werblich schlecht gestaltet sein. Überlegen Sie einmal, welche Packung im Selbstbedienungsregal den Vorzug erhält.

Wahrscheinlich ist es die, die dem Kunden am ehesten ins Auge fällt, die ihn am stärksten beeindruckt, *die sich gegenüber anderen Packungen durchsetzt*. Selbstverständlich müssen wir dabei berücksichtigen, daß die vorangegangene Werbung für die verpackten Produkte eine bedeutende Rolle spielt und daß es auch auf die Identifikation ankommt, die vorher durch Werbung beeinflußt sein kann. Abgesehen davon aber wird sich die grafisch stärkste Packung im Regal stets durchsetzen.

Auch das *Verpackungsmaterial, Verpackungspapiere, Tragetaschen, Kisten* und *Kartons* können wir werblich gestalten und somit auch eine Werbewirkung erzielen, die über den *eigentlichen* Zweck der Verpackung, also die Ware zu schützen und eventuell zu portionieren, hinausgeht.

Wenn wir an Verkaufsräume denken, dann kommt uns nur selten der Einfall, daß wir auch aus diesen Verkaufsräumen wirksame Werbehilfen machen können. Im Einzelhandel ist dies natürlich der Fall. Die Verkaufsräume und mitunter das ganze Geschäftsgebäude werden werblich gestaltet. Denn man hat begriffen, daß *wirkungsvolle Dekorationen* den Absatz fördern können. Aber auch andere Verkaufsräume – zum Beispiel Musterräume – können gestaltet werden. Und weil das so wichtig ist, wollen wir diesem Thema einen größeren Abschnitt widmen.

## 5.5 Verkaufsfördernde Raumausstattung

Raumausstattungswerbung, das ist ein Begriff, den man heute viel seltener hört. Er wurde von Seyffert geprägt und hat auch heute noch seine Berechtigung. Wenn man aber an Raumausstattungswerbung denkt, dann sollte man zuerst prüfen, ob sonst im *Verkaufsumfeld* alles in Ordnung ist. Alles in *Ordnung*, und zwar im tatsächlichen Sinne des Wortes.

**Das Verkaufsumfeld kann den Absatz beeinflussen**

Stellen Sie sich doch einmal einen unordentlichen Laden vor oder einen unordentlichen Messestand. Beide wirken wenig einladend. Und doch gibt es Gelegenheiten, bei denen gerade eine gewisse Unordnung anziehend wirkt. Denken Sie nur einmal an sogenannte Lagerverkäufe oder erinnern Sie sich an Sonderangebote in Supermärkten. Dort finden Sie manchmal einen Stapel Kartons oder Kisten, aufgerissen, so daß die Ware sichtbar wird, und daneben oder darüber hängend ein schnell geschriebenes Preisschild, das auf das *Sonderangebot* aufmerksam macht. Hier will man dem Kunden suggerieren, daß etwas schnell umgeschlagen werden muß und deshalb so billig weggeht. Abgesehen von solchen Besonderheiten aber sollte das Verkaufsumfeld immer aufgeräumt, ordentlich und sauber wirken.

Fest steht natürlich, daß man zuerst Leute *in* die Verkaufsräume bringen muß. Und deshalb gilt auch hier der Grundsatz, daß alle Marketingmaßnahmen *zusammenwirken* müssen. Was die Verkaufsräume betrifft, so bietet uns die Dekoration in den *Schaufenstern* bereits eine große Hilfe, um den Laden zu beleben. Denn die Dekorationen sollen ja so gestaltet sein, daß sie Kunden anziehen. Das ist wichtig. Denn *nichts ist so absatzhemmend wie ein leerer Laden*. Man muß also zuerst einmal Leute in den Laden hineinbekommen, bevor die Raumausstattung wirksam werden kann.

Raumausstattung, d.h. nicht nur Raummöblierung, d.h. auch nicht nur zusätzliche Dekoration. Wir müssen dem Kunden mehr bieten. Man muß *Kauferlebnisse* schaffen und dazu gehört ein ganz bestimmtes Verkaufsumfeld.

Vielleicht haben sie schon einmal das Schlagwort vom »Verkaufstheater« gehört. Damit meint man, daß das Verkaufsumfeld wie eine Bühne wirken soll. Jedem, der diese Bühne betritt, ist eine *Rolle* zugeteilt. Dem Kunden natürlich die Rolle des Käufers. Ob der Kunde diese Rolle nun akzeptiert, das ist eine andere Frage, und dabei kommt es auch noch sehr auf die Qualität des Verkäufers an. Wie der nämlich *seine* Rolle spielt, das ist im Grunde auch noch entscheidend für den Verkauf. Fest steht jedenfalls, daß der Kunde mitspielen soll und Verkäufer und Verkäuferinnen sind Schauspieler, aber auch Regisseure zugleich. Sie haben die Aufgabe, den Kunden in seiner Rolle so zu *führen*, daß er sich als Held des ganzen Stückes sieht.

Aber auch das genügt noch nicht. Der Kunde soll dem gewünschten Spielverlauf folgen und das heißt schlußendlich: Er soll kaufen.

Nun, wie stark hier Wunschvorstellungen mit der Realität übereinstimmen, das wäre noch zu untersuchen. Aber immer, wenn man mit bekannten Dekorateuren spricht oder auch mit Geschäftsführern oder anderen Verantwortlichen in großen Kauf- und Warenhäusern, klingt dieses Thema, wenn auch nicht ganz in derselben Form, an.

Verkaufsförderung durch Raumausstattung, d. h. aber auch dem Kunden *Sicherheit* geben. Verkaufsräume dürfen also nicht bedrohlich groß wirken. Falls ein Großraum von der Funktion her notwendig ist, dann sollte er dezent durch Bauelemente *unterbrochen* werden. Der Kunde will die Situation nicht nur übersehen, er will sich auch sicher fühlen und von einer Situation in die andere wechseln, darüber hinaus jedoch auch immer, wenn er es wünscht, das Verkaufsgeschehen verlassen können. **Verkaufsräume dürfen nicht abschrecken**

Verkaufsförderung durch Raumausstattung ist keine allein *künstlerische* Angelegenheit. Raumausstattung hat auch oft einen *organisatorischen* Hintergrund, denn wenn wir Verkaufsräume oder auch Messestände zum Beispiel gestalten, dann müssen wir auch an den *Kundenstrom* denken. Der Kunde sollte in alle Verkaufsbereiche kommen können. Denn dort, wo der Kunde *nicht* hinkommt, würde ja auch die beste Raumausstattung nicht wirken. Das gilt besonders für Selbstbedienungsläden, aber auch für Kaufhäuser.

Wer Verkaufsumfelder wirksam gestalten will, sollte sich doch eher mit einem Ladenbauer in Verbindung setzen als den Ehrgeiz hervorkehren, alles selbst zu machen. Denn Ladenbauer, falls sie gute Berater sind, wissen manchmal nicht nur, wie man verkaufsstarke Läden baut, sondern auch, wie man *sparen* kann. Es ist nicht immer nötig, gesamte Inneneinrichtungen zu ändern. Oft genügt ein gekonntes »Shop dressing«, d. h., eine Renovation, ohne die gesamte Inneneinrichtung auszuwechseln. Das hat auch etwas für sich, was nicht die Kosten betrifft, denn manche Kunden haben sich an die alte Ausstattung, an das alte Verkaufsumfeld so gewöhnt, daß sie bei einer völligen Umgestaltung irritiert wären. Dieser Punkt wird allzuoft vergessen und in ähnlicher Weise wird manchmal ein noch betrüblicherer Fehler gemacht.

**An Kunden-**
**gewohnheiten**
**denken**

Ihnen wird es gewiß auch schon passiert sein, daß Sie in einen Laden traten und erstaunt waren, weil Sie nichts mehr an der gewohnten Stelle fanden. Man hatte das Sortiment total umgekrempelt und Ihnen fiel es schwer, das, was Sie zu kaufen wünschten, zu finden. Dies geschieht nur allzuoft und es ist kaum erklärlich, was sich die Geschäftsführung, die ja die Verantwortung für solche Umgestaltungen hat, davon verspricht. Wer seinen Laden umgestalten will, der sollte doch zuerst einmal *die Kunden fragen,* ob sie mit der bisherigen Gestaltung und mit der bisherigen Sortimentsaufteilung zufrieden sind. Völlige Umgestaltungen sollte man vor allen Dingen nur dann vornehmen, wenn es wirklich Indizien dafür gibt, daß diese Umgestaltung *notwendig* ist. Unternehmen, die glauben aus steuertechnischen Gründen umbauen zu müssen, sollen sich einmal überlegen, daß es vielleicht recht gut ist, durch Aufwand Steuern zu sparen, daß es jedoch auf der anderen Seite zu Umsatzeinbußen führen kann. Und die Raumausstattung soll ja den Umsatz nicht zurückdrängen, sondern soll *verkaufsfördernd* wirken.

## 5.6 Verkaufsförderung am Verkaufsort

Sie wissen, daß heute die Tendenz besteht, Produkte mit immer weniger Personalbegleitung vom Hersteller zum Verbraucher zu bringen. *Damit verkennt man zwar die Wirkung des persönlichen Verkaufs,* aber man weiß auch, daß auf diese Weise rationalisiert werden kann. Und das scheint oft ausschlaggebend zu sein, denn sonst würde die Selbstbedienung nicht immer stärker in den Vordergrund treten. Ob das insgesamt richtig ist, kann hier nicht beurteilt werden. Klar sollte uns aber sein, daß dadurch die *Werbung am Verkaufsort* immer wichtiger wird, vor allen Dingen die Werbung durch wirksame Packungen, wovon ja schon die Rede war.

**Kaufentschei-**
**dungen fallen oft**
**erst im letzten**
**Augenblick**

Heute besteht sogar die Meinung, *daß die Packung das Instrument im Kommunikationsmix mit den häufigsten Kon-*

taktchancen zum Verbraucher ist. Aus diesem Grund müssen wir der Packung in Zukunft noch größere Aufmerksamkeit widmen. Wobei sich diese Aufmerksamkeit jedoch nicht nur auf die *Kontaktwirkung* beziehen darf, sondern auch auf die *Umweltfreundlichkeit*. Denn auch dies wird in Zukunft stärkere Beachtung finden.

Verkaufsförderung am Ort des Verkaufs ist nicht immer problemlos. Mitunter muß man sich auch um die Gesetze kümmern, vor allen Dingen um das Gesetz gegen den unlauteren Wettbewerb. Es ist bekannt, daß in verschiedenen Ländern bereits Gesetzesvorlagen ausgearbeitet wurden, die gegen sogenannte Lockvogelangebote Stellung nehmen. Denn vor allem kleinere Handelsbetriebe werden im Wettbewerb durch Lockvogelangebote geschädigt und sie sind es, die intervenieren und eine strengere Gesetzgebung in dieser Hinsicht verlangen. Wie schwierig Verkaufsaktionen am Verkaufsort sind, sehen wir heute oft auch an den Saisonschlußverkäufen. Zwar werden immer noch gute Umsätze erzielt, aber wenn wir beobachten, daß bereits vor den Schlußverkäufen Billigpreisangebote von großem Umfang auf dem Markt sind, dann stellen wir uns doch die Frage, ob es überhaupt noch möglich ist, beim Saisonschlußverkauf große Attraktionen zu schaffen.

## 5.7 Verkaufsförderung durch Öffentlichkeitsarbeit

Fast jeder weiß, daß ein gutes *Image* den Verkaufserfolg steigern kann. Und trotzdem können sich manche Unternehmen nicht bereitfinden, Öffentlichkeitsarbeit *intensiv* zu betreiben. Andererseits gibt es aber auch Beweise dafür, daß bestimmte Betriebe durch ihre hervorragende Öffentlichkeitsarbeit nicht nur ihren Umsatz erhöhen, sondern auch mit ihren Anliegen bei Regierung oder Ämtern oder auch bei der Bürgerschaft viel eher durchkommen, als solche Unternehmen, von deren Wirken man gar nichts weiß.

Öffentlichkeitsarbeit, das ist das, was man auch mit dem Begriff Public Relations bezeichnet. Und Public Relations

**Jeder hat Public Relations, ob er will oder nicht**

wollen wieder als *Werbung um öffentliches Vertrauen* verstanden werden. Public Relations hat jeder, ob er will oder nicht. So ist es tatsächlich. Auch wenn es vorwiegend für Firmen und Institutionen zutrifft, kann sich die Einzelperson dieser Weisheit nicht entziehen. Und danach sollte man handeln, besonders dann, wenn man Geschäftsmann ist oder wenn man schneller, besser, mehr verkaufen will. Fest steht nämlich, daß Public Relations von niemandem ignoriert werden können und darum wäre es nützlich, wenn wir alles, was mit Public Relations zusammenhängt, unter Kontrolle brächten.

Öffentlichkeitsarbeit ist eine recht schwierige Sache, weil die Öffentlichkeit ein sehr *differenziertes* Gebilde ist. Wir haben es nicht mit einer homogenen Gruppe zu tun, wenn wir von Öffentlichkeit sprechen. Wir müssen sowohl Einfluß auf die *breite Öffentlichkeit* nehmen, aber auch Einfluß auf unsere *nähere Umgebung,* d. h., wir müssen um *alle* Gruppen werben, mit denen wir in irgendeiner Weise in *Kontakt* stehen.

Im Grunde genommen ist es das Ziel jeder Public-Relations-Arbeit, einen guten Eindruck von dem zu vermitteln, dem die Public-Relations-Arbeit gilt. Gleichzeitig sollen aber diese Bemühungen zu größerem oder gesichertem *Umsatz,* zu *Wachstum* oder *Anerkennung* führen und die Möglichkeit weiteren Bestehens und Arbeitens sichern. Diese Ziele lassen sich im allgemeinen aber nur verfolgen, wenn man deutlich macht, daß alle Bemühungen auch auf das allgemeine Interesse und die allgemeine Entwicklung ausgerichtet sind. Welche Beziehungen können wir aber pflegen?. Nun, denken Sie bitte einmal an folgende:
a) Beziehungen in der Gemeinde
b) Kundenbeziehungen
c) Arbeitnehmerbeziehungen
d) Behördenbeziehungen
e) Kulturbeziehungen
f) Pressebeziehungen.

**Öffentlichkeitsarbeit muß Resonanz haben**

Das sind erst einmal wichtige Sektoren, an die wir uns erinnern sollten, wenn wir Public-Relations-Arbeit betreiben. Doch eines dürfen wir dabei nicht vergessen. Public Relations sind nicht als Einbahnstraße zu verstehen. Das wäre vielleicht nur Publicity. Public Relations sind auf *Resonanz* angewiesen, und wenn wir Public Relations betreiben, dann müssen wir auf all das achten, was von außen an uns herangetragen wird, um richtig reagieren zu können. D. h. aber nicht, daß Public-Relations-Arbeit sich nur auf das *Reagieren* beschränkt. Zur Public-Relations-Arbeit gehört genausogut das *Agieren*. Und Agieren heißt mitunter auch zu Public-Relations-Aktionen greifen.

Eine Public-Relations-Aktion kann mitunter ein sehr differenzierter Vorgang sein, der sich gar nicht so leicht überblicken läßt. »Da die Erfassung des Vorgangs aber wichtig ist, wird hier der chronologische Ablauf listenmäßig dargestellt:
– Faktensammlung
– Situations- und Basisanalyse
– Zielsetzung
– Zielgruppendefinition
– Festlegung des Stellenwertes der Aktion
– Koordination mit anderen Abteilungen
– personelle Überlegungen
– Entscheidung, ob betriebsfremde Spezialisten helfen
– Abschätzung der einzusetzenden Mittel
– Sitzung des PR-Ausschusses
– Ideenfindung
– Alternativskizze
– Orientierungsgespräche
– Grundkonzeption
– Budgetierung
– Budgetgenehmigung
– Kontaktaufnahmen
– Angebotseinholung
– Resultatsübersicht
– Angebotsauswahl
– Ausarbeitung von Manuskripten, Layouts usw.
– Präsentation
– Produktionsbeginn, Programmrealisierung
– Koordinierung von Produktion und Organisation
– Produktionsüberwachung
– Abnahme der fertigen Produktion

- Streuung oder Einsatz der Produktionen
- Orientierung der Mitarbeiter
- Koordination aller betroffenen Abteilungen
- spezielle Information von Behörden usw.
- Beobachtung des Ablaufs
- Beobachtung des Wirkungsfeldes
- Resonanzkontrolle
- Resonanzauswertung
- Erfolgskontrolle
- Budgetkontrolle
- Archivierung
- Nachhallkontrolle
- Schätzung des Gesamteinflusses
- Ausschußdebatte
- Gesamtkritik
- Schlußbericht
- Abschätzung des realen Nutzens
- Urteil der Unternehmensleitung.

Sogar diese Liste kann den Eindruck nicht verwischen, daß eine PR-Kampagne ein differenzierter Prozeß ist. Diese Liste zeigt aber auch, daß viele Kontrollen notwendig sind, wenn eine gute Wirkung erzielt werden soll« (18).

Fall Sie sich dafür interessieren, welche PR-Mittel und Maßnahmen man einsetzen kann, dann beachten Sie bitte die folgende Aufzählung:
- klare Geschäftspolitik
- persönliche Kontakte
- Geschäftsberichte
- spezielle Korrespondenz
- Aktivitäten in der Gemeinde
- Spenden und Hilfsleistungen
- Zusammenarbeit mit Schulen
- Zusammenarbeit mit Vereinen
- Aufklärungsaktionen
- Diskussionen
- Behörden- und Regierungskontakte
- Bildungsveranstaltungen
- Freizeitveranstaltungen
- Betriebsbesichtigungen

- Personalkontakte
- Pressekontakte
- Pressekonferenzen
- Pressedienste
- Pressemappen
- Bilddienst
- gezielte Informationen
- Bulletins
- Hausgabe von Broschüren
- Herausgabe von Büchern
- Jubiläen
- Ausstellungen
- Vorstellung neuer Produkte
- Eröffnungen
- Anzeigen« (19).

Die Aufzählung hat Ihnen unter anderem gezeigt, daß Pressebeziehungen sehr wichtig sind. Dabei ist nicht zu verschweigen, daß derjenige, der die Presse für seine Öffentlichkeitsarbeit nutzen will, gegen alle konkurrierenden Fakten antreten muß, die sich den Zeitungsraum teilen. Das gelingt meistens nur über gute *Pressebeziehungen* oder über sehr *aktuelle* oder *wirkungsvolle* Information. Natürlich gibt es auch noch andere Möglichkeiten, die jedoch mit viel Geduld verbunden sind und auch großen Aufwand erfordern. Damit ist der Pressedienst gemeint oder die kontinuierliche Bearbeitung der Presse durch Bulletins. **Gute Beziehung zu den Medien ist nützlich**

Natürlich gibt es immer wieder Gelegenheiten, Pressekampagnen durchzuführen oder zu planen, aber es gibt genauso viele Gelegenheiten, etwas Falsches zu sagen, etwas Falsches zu schreiben oder zu verbreiten. Darum sollte man auch davon ausgehen, daß es bisweilen viel *besser ist zu schweigen*, nichts zu veröffentlichen. Daß es mitunter auch gut ist, auf Presseangriffe nicht unbedingt zu antworten. Denn dadurch wird manche schlechte Nachricht nur *multipliziert*. Und gerade das ist es, was verkaufshemmend und nicht verkaufsfördernd wirkt. Will man also Public Relations als verkaufsförderndes Mittel einsetzen, so erfordert dies auch etwas Fingerspitzengefühl. Wilde Rundumschläge haben wenig Zweck, und da man um Vertrauen wirbt, muß man auch sehr *seriös* vorgehen.

## 5.8 Verkaufsförderungspraxis

In diesem Abschnitt geht es um Praxisbeispiele, die Ihnen als Anregung dienen sollen. Man kann diese Beispiele natürlich nicht in *jeder Unternehmung* und in *jeder Situation* nachahmen. Doch aus der Gesamtheit der Anregungen sollen neue Ideen entstehen, die der speziellen Lage, die sich Ihnen bietet, angepaßt werden können. Lassen Sie aber zuerst einmal folgende Anregungen auf sich einwirken:

Beim Weinverkauf ist heute mancher Kunde verunsichert. Wie wäre es mit einer speziellen Weinberatung, wenn Sie Wein im Sortiment haben. Auch auf andere Artikel ließe sich ein Beratungsdienst ausdehnen.

Was halten Sie von *Musterverteilung?* Immerhin sind Muster *bis auf die Größe* mit Originalen identisch. Doch sowohl bei Mustern als auch bei Zugaben müssen Sie an die Zugabenordnung denken. Muster eignen sich vor allem bei der Einführung neuer Produkte. Sie sind beim Konsumenten sehr beliebt. Besonders wenn es um Geschmacks- oder Geruchsproben geht, sind Muster zu empfehlen.

Versicherungen haben versucht, Kunden mit Schadensscheckheften auszustatten, um im Schadensfall die Abwicklung zu erleichtern. Ließe sich auch im Rahmen anderer Geschäfte ein Scheckheft einsetzen? Denken Sie zum Beispiel an Service-Abonnements.

Haben Sie eine Ware anzubieten, die auch von befreundeten Firmen auf den Markt gebracht wird? Als Beispiel: Lebkuchenhersteller wollten den Verkauf von Lebkuchen forcieren. Man entschloß sich, ein Lebkuchenhäuschen als Infostand von Ort zu Ort ziehen zu lassen, um auf Märkten oder anderen Veranstaltungen für Lebkuchen zu werben.

**Achten Sie auf thematische Übereinstimmung**

Können Sie Angebote zu *Kombi- oder Multipacks* zusammenstellen? Wenn Sie zwei verschiedene Produkte zusammenpakken und mit einem Sonder-Display am Regal anbieten, dann haben Kombipacks wahrscheinlich eine gute Chance. Es empfiehlt sich, daß die beiden verschiedenen Angebote *thematisch* zueinander passen. Also Zahnpasta zusammen mit Zahnbür-

# Verkaufsförderung als Mittel der Umsatzsteigerung

ste oder Seifenpackung mit Handtuch oder Waschlappen zum Beispiel. Kombipacks sind nicht unproblematisch, denn es ist nicht immer sicher, ob sich der Kunde für beide angebotenen Artikel interessiert. Es muß also zudem ein *Preisvorteil* oder ein anderer Vorteil hinzukommen, der ihn überzeugt. Beim Multipack hingegen läuft es etwas anders. Beim Multipack kauft der Kunde mehrere Einheiten eines gleichen Artikels zu einem *günstigeren* Preis, es handelt sich also um eine Art Mengenrabatt, der aber auch werbemäßig stark herausgestellt werden muß.

Mitunter ist es ohnehin vorteilhaft, nicht nur *eine* Einheit einer Ware anzubieten, sondern gleich eine größere Menge. Vielleicht können Sie sich an die Methode erinnern, mit denen Mineralwasserverkäufer oder Getränkeverkäufer ihren Umsatz zu steigern versuchen. Es ist schon viele Jahre her, als man damit begann, aber die Methode hatte offenbar großen Erfolg. Sie wurde vor allem von Fahrverkäufern durchgeführt und lief folgendermaßen ab: Der Fahrverkäufer suchte den Kunden auf, versuchte einen Kasten Mineralwasser, Bier oder ähnliches anzubieten. Meistens lehnten die Kunden das ab mit der Begründung, daß sowieso nicht soviel getrunken werde. Der Fahrverkäufer ließ sich dadurch nicht beirren. Er sagte, er lasse den Kasten einfach da und man könne sich dann beliebig bedienen. Er würde in einer Woche oder in 14 Tagen wieder vorbeikommen, und das, was nicht getrunken wurde, zurücknehmen. Daraufhin gelang es den Fahrverkäufern oft, den Kasten beim Kunden zu plazieren. Der Kunde hatte nun Getränke im Haus, er brauchte also nicht erst in einen Laden zu gehen, wenn er Durst verspürte, sondern nur in seinen Keller. Das veranlaßte ihn selbstverständlich, öfter als sonst eine Flasche Mineralwasser oder Bier anzubrechen oder auszutrinken. Er schränkte dadurch wahrscheinlich seinen Kauf im Laden ein und somit waren die Fahrverkäufer – hier als Konkurrenten der Ladenverkäufer – in einen Markt eingebrochen. Wenn der Fahrverkäufer nach einer Woche oder nach 14 Tagen zurückkam, nahm er tatsächlich den angebrochenen Kasten, auch wenn nicht alle Flaschen verbraucht waren, zurück und plazierte einen neuen. Meistens gelang ihm das, wenn er einmal sein System eingeführt hatte. Der Kunde war

**Auch der Distributionsprozeß kann verkaufsfördernd gestaltet werden**

so auch sicher, stets neue Ware zu bekommen, er hatte frische Getränke im Hause, und auch das war ein Grund dafür, daß diese Art der Verkaufsförderung funktionierte.

Probieren geht über studieren, so haben wahrscheinlich auch die Fahrverkäufer geworben, und so ist es natürlich auch mit der *Degustation* oder mit anderen Vorführungen, die ja den Kunden mit einem Produkt bekanntmachen wollen. Degustationsstände in Warenhäusern oder Einzelhandelsgeschäften und Supermärkten sind auch heute keine Seltenheit. So werden zum Beispiel Suppen angeboten oder auch Kleingeräte, aber auch Parfüms und andere Körperpflegemittel. Natürlich muß man sehr geschicktes Personal haben, um diese Dinge, um die es geht, wirksam vorzuführen. An dieser Stelle sei an eine Eigenart erinnert, die man vor allen Dingen bei Neuheitenverkäufern sieht. Neuheitenverkäufer sind oft sehr geschickte Rhetoriker. Sie ziehen ihren Kundenkreis, der sich um ihren Neuheitenstand schart, sehr schnell in ihren Bann. Nun macht sich aber manchmal eine Schwäche des Neuheitenverkäufers bemerkbar. Er beobachtet seine Kunden nicht, er erkennt die Kaufbereitschaft nicht. Das ist ein schwerer Fehler.

**Es gibt Verkaufsförderungsmaßnahmen, die sich selbst finanzieren**

Der Verkaufsförderung dienen auch sogenannte Self-liquidators, mitunter auch »self liquidating offer« genannt. Diese Maßnahmen sind besonders bei Markenherstellern beliebt. Die sich selbst bezahlt machenden Angebote – das ist nämlich die deutsche Bedeutung des Wortes – haben eigentlich nur wenig oder oft auch gar nichts mit dem anzubietenden Markenartikel zu tun. Die zusätzlichen Artikel werden zu einem günstigen Preis angeboten. Sie sind meistens sehr attraktiv und unterscheiden sich auch oft dadurch, daß sie anderweitig am Markt, auch in ähnlicher Form, kaum erhältlich sind. Der Kunde ist also bereit, für den Zusatzartikel einen vernünftigen Preis zu zahlen. Die Kunst des Anbieters ist es nun, den Preis so zu setzen, daß er dem Kunden sehr *günstig* erscheint, daß der Anbieter aber *keinen* Schaden beim Verkauf hat. Das zusätzliche Angebot soll sich also selbst bezahlt machen und einen starken Werbeeffekt aufweisen und somit verkaufsfördernd wirken. Denken Sie in diesem Zusammenhang auch an die *Zusatzgeschäfte* von Tschibo, Eduscho usw.

Self-liquidators sind keine Zugaben, und auch im folgenden Fall kann man nicht von Zugaben im herkömmlichen Sinne reden. Vor einiger Zeit haben 50 kleinere Brauereien eine Gemeinschaftsaktion gestartet, um Kronenkorken als Sammelobjekt zu aktivieren. Der Kunde bekommt für eine bestimmte Anzahl Kronenkorken kleine Sammelgaben, wie Briefmarken, historische Banknoten, Oldtimerbilder usw. Der Recycling-Gedanke ist zudem umweltfreundlich und schafft damit öffentliches Vertrauen.

Aber denken Sie auch einmal an Ihre Mitarbeiter, wenn es um Verkaufsförderung geht. Es gibt kaum etwas, was so verkaufsfördernd wirkt, wie *freundliche, tüchtige Mitarbeiter*. Und *Sie* können *Ihre* Mitarbeiter ständig aktivieren, nicht nur durch Training, sondern auch durch Verkaufs- und Argumentationshilfen. Sie können zum Beispiel Aktionsbriefe für den Außendienst machen oder Sie können Argumentationskarten als Leitfaden für Verkaufsgespräche herausgeben, Sie können Produktmuster verteilen oder Modelle, Sie können dem Verkäufer auch Entscheidungshilfen mit auf den Weg geben, und Sie können ihn mit Leistungsvergleichen bekanntmachen. Natürlich spielen Wettbewerbe eine große Rolle, wenn es um Verkaufsförderung geht.

Wettbewerbe sind nicht nur interessant, um den Außendienst zu motivieren. Auch der Innendienst sollte einbezogen werden, ebenso die Weiterverkäufer, also die Händlerschaft, wenn wir damit zu tun haben. Teilnehmer am Wettbewerb sollten nicht nur Einzelpersonen sein, sondern auch geschlossene Gruppen, denn die *Gemeinschaftsleistung* und das *gemeinsame* Wettbewerbsverhalten ist ebenso geeignet, die Verkaufszahlen nach oben zu bringen, wie der Einsatz des einzelnen. **Verkaufswettbewerbe müssen fair sein**

Wettbewerbe können sich zum Beispiel auf Neukundenwerbung beziehen oder auch bei der Einführung neuer Produkte oder bei der Geschäftseröffnung eingesetzt werden. Ebenso können Sie Jubiläen oder Sonderverkäufe als Anlaß zum Wettbewerb nehmen.

Schon aus den gebotenen Anreizen können sich unterschiedliche Wettbewerbsformen ergeben. Anreize in Geld sind heute sehr beliebt, aber auch *Sachanreize* stehen nicht weit dahinter zurück, denn mitunter gilt die angebotene Sache nicht nur als Sachwert. Sie hat also nicht nur Gebrauchsnutzen, sondern auch einen hohen *Geltungsnutzen,* weil sie gleichsam eine *Auszeichnung* vor den anderen Teilnehmern darstellt.

**Auch an ideelle Motivation denken**

Es gibt auch ideelle Anreize, z. B. Diplome, Ehrennadeln, Wanderpokal oder Dankschreiben von der Firma, aber da ist man heute eher skeptisch. Man sollte darum beides verbinden. Wenn zum Beispiel ein ansprechender Preis vergeben wird, dann sollte er, wenn es sich eben machen läßt, von der Geschäftsleitung überreicht werden.

Wenn Sie Wettbewerbe durchführen wollen, so sollten Sie diese Wettbewerbe nicht zu früh ankündigen. Denn wenn die Konkurrenz davon erfährt, könnte sie Gegenmaßnahmen ergreifen, und auch die Mitarbeiter sollten nicht zu früh ins Vertrauen gezogen werden, vor allem dann nicht, wenn die Möglichkeit besteht, Wettbewerbsbedingungen zu *manipulieren*. Das wäre zum Beispiel der Fall, wenn Aufträge, die man schon heute machen könnte, zurückgehalten würden, um sie dann im Wettbewerb einsetzen zu können, um sich dadurch einen Vorsprung zu verschaffen.

Wichtig ist es, daß die Spitzenpreise bei Wettbewerben sehr *attraktiv* sind. Ebenso wichtig ist es aber auch, für Trostpreise zu sorgen, denn alle, die am Wettbewerb teilnehmen, sollen erkennen, daß sich ihre Mühe gelohnt hat.

Verkaufsförderungsaktionen sollten keine Einzelaktionen sein. In der Verkaufsförderung sollte sich nämlich immer etwas tun. Deshalb wäre es angebracht, für *ein ganzes Jahr* zu planen. Man könnte sich einen Aktionskalender machen. Und davon soll nun die Rede sein. Das Beispiel, das hier zusammengefaßt wiedergegeben wird, erschien in der Lebensmittelzeitung (20).

Wir beginnen natürlich mit dem Januar und denken an den gerade überstandenen Weihnachtsrummel. Die Kunden sind noch von den Feiertagen sehr gesättigt. Diesem Bedürfnis kann man entgegenkommen. Man muß an Gesundheitstage erinnern und die entsprechenden Angebote machen.

Im Februar ist Faschingszeit. Nun kann es auf dem Markt auch viel lebhafter zugehen, d. h. wir haben hier eine sehr gute Gelegenheit, Getränke und ähnliche Dinge, die von Silvester übriggeblieben sind, anzubieten. Wir können auch die Kunden mit Mitteln umwerben, die mit dem Karneval zusammenhängen. Luftballons, Luftschlangen und vor allen Dingen gute Laune können den Verkauf anheizen.

Im März und April herrscht bereits Frühlingsstimmung. Ostern steht vor der Tür. Blumen als erste Frühlingsgrüße sollten im Angebot sein und vor dem Osterfest sollte es natürlich einige große Aktionen geben. Denken Sie daran, daß auch zu Ostern geschenkt und genascht wird. Auch an die Fischgerichte, die am Karfreitag serviert werden, sollten sie denken. Aber der ganze Markt sollte frühlingshaft aussehen. Bunte Eier, in Nestern angeboten, Süßwaren im Osterlook und vielleicht im Laden auch eine Eierbemalaktion. Wenigstens jedoch ein Angebot von Eiermalfarben.

Im Mai gibt es außer dem Muttertag und Pfingsten noch einige andere Feiertage. Auch darauf kann man sich vorbereiten. Manchmal bekommen Kunden auch Lust auf Fremdländisches und dann sollte man Fremdländeraktionen durchführen.

Mit dem Juni kündigt sich der Sommer an. Wir können davon ausgehen, daß bei den ersten warmen Abenden der Grill in Betrieb gesetzt wird. Das ist natürlich eine Gelegenheit für die Fleischtheke, grillfertiges Fleisch anzubieten. Dazu passende Salate und Soßen, auch das Non-food Sortiment kann aktiv werden. Besonders herauszustellen sind Partygeschirr, Partyleuchten, Windlichter, Grillgeräte, Holzkohle usw.

Der Juli und der August sind manchmal sehr problematisch. Es ist Ferien- und Urlaubszeit, aber die Kunden, die noch ihren Urlaub vor sich haben, müssen angesprochen werden. Auch diejenigen, die zu Hause bleiben, können wir aktivieren. So etwa mit Aktionen rund ums Schwimmen. Wir können auch Wettbewerbe für Kinder, die nicht in die Ferien gefahren sind, durchführen, und wir können auch Selbstverpflegungsaktionen für Camper ins Angebot rücken. Nach den Sommerferien steht ein neues Schuljahr an. Auch der Schulbedarf sollte während der Monate Juli und August attraktiv angeboten werden. Im September geht der Sommer zu Neige. Denken Sie daran, daß viele Kunden aus dem Urlaub zurückkommen und sich noch an ihre Urlaubsfreuden erinnern möchten. Das sollte Sie veranlassen, Länderaktionen zu forcieren. Zudem bricht auch die Einmachzeit an. Und somit können Sie nicht nur Obst, sondern auch Einkochzubehör anbieten.

Mit dem Oktober kommt der Herbst, damit auch die Erntezeit und die Weinlese. Jetzt bietet sich die Gelegenheit für ein Winzer- oder Erntefest. Jetzt auch alles das anbieten, was frisch geerntet in Ihren Laden kommt.

Wenn im November draußen alles grau und unfreundlich ist, sollte es in Ihrem Laden um so freundlicher aussehen. Denken Sie an das Martinsfest, denken Sie an bunte Lampions, und versuchen Sie, eine warme Atmosphäre in ihrem Verkaufsumfeld zu schaffen.

Der Dezember bringt alle Weihnachtsvorbereitungen. Am 6. Dezember ist bereits Nikolaustag, und die Adventszeit ist auch angebrochen. Hier sollten Sie überlegen, was Sie in den vergangenen Jahren mit Erfolg zum Weihnachtsfest angeboten haben. Versuchen Sie nicht unbedingt krampfhaft etwas Neues zu machen. Verlassen Sie sich auf das Bewährte, dann wird auch in Ihrem Laden Weihnachtsstimmung aufkommen.

Was hier besonders für Lebensmittelhändler und Lebensmittelmärkte gilt, kann auch in anderen Branchen in ähnlicher Form geplant werden. Sie müssen natürlich noch weiter ins Detail gehen, und vor allen Dingen müssen Sie alles, was Sie planen, *schriftlich* festhalten. Dann wird es bei Ihren Verkaufsförderungsaktionen auch keine Pannen geben.

## 5.9 Anwendungsbreite der Verkaufsförderung

Daß die Verkaufsförderung einen sehr großen Anwendungsbereich hat, haben Sie gewiß schon vorher gewußt und Sie haben es durch das bisher Erörterte noch einmal erfahren. In diesem Abschnitt soll nun noch einmal zusammengefaßt werden, worauf sich die Aufmerksamkeit eines Verkaufsförderers richten kann und richten muß.

Gehen wir also davon aus, was ein Verkaufsförderer können sollte und welche Maßnahmen und Mittel ihm zur Verfügung stehen, um den Verkauf tatsächlich zu fördern. Das gibt uns einen guten Überblick über den gesamten Anwendungsbereich der Verkaufsförderung, aber es gibt uns auch einen Überblick darüber, was ein Verkaufsförderer berücksichtigen muß und wozu er in der Lage sein sollte.

Verlangen kann man von einem guten Verkaufsförderer vor allen Dingen die *Kenntnis der eigenen Marktposition*. Er muß also wissen, wie das Unternehmen, für das er arbeitet oder das er betreibt, im Markt liegt. Er muß ebenso die *Position der Mitbewerber* kennen. So etwa deren Preise, deren Konditionen und nicht zuletzt deren Argumente. Auch in der Distribution muß der Verkaufsförderer Bescheid wissen, sowohl was die Kunden, als auch was die Angebote betrifft.

**Ein Verkaufsförderer sollte sich als Profi verstehen**

Die Arbeit des Verkaufsförderers kann schon bei der Mitarbeit im Bereich der *Produktgestaltung* und *Produktausstattung* beginnen. Denn auch die Form, und zwar sowohl die innere als auch die äußere Form des Angebotes kann den Verkauf fördern oder auch behindern. In bezug auf die Produkte sollte sich der Verkaufsförderer also Gedanken machen über: Form, Farbe, Besonderheit, Geschmack, Duft, Mischung, Reinheit, Echtheit, Bearbeitung, Festigkeit, Gehalt, Normung, Differenziertheit, Härte, Stärke, Harmonie, Dauerhaftigkeit, Modernität, Urheberschaft usw.

Dabei sollte er alle seine Erfahrungen im Kundenkreis einbringen. Nur so kann er zum wertvollen Ratgeber bei der Produktgestaltung werden.

Ein Verkaufsförderer sollte vor allen Dingen den Handel kennen. Er sollte Kenntnis der Plazierung beim Handel haben, sowohl die eigenen Produkte betreffend, als auch die Produkte der Mitbewerber. Denn der Verkaufsförderer ist auch dafür verantwortlich, daß der Handel wirksam bearbeitet wird.

Die wirksame Bearbeitung des Handels beginnt für den Verkaufsförderer mit dem Einsatz bei der Mitarbeit zur Erstellung der *Erstausstattung* für Händler. Besonders dann, wenn es um *neue* Produkte geht. Der Verkaufsförderer muß sowohl für Proben als auch für Prospekte sorgen, für Gebrauchsanweisungen, Einführungskartons und ähnliches. Zudem kann er an der Händlerwerbung mitarbeiten. Das betrifft zum Beispiel Anzeigen in Fachzeitschriften, stumme Verkäufer, Aufsteller, Dekorationsmaterial, Preisschilder, Leuchtwerbung, Händler- oder Kundenzeitschriften, Händlerbriefe, Händlerveranstaltungen, Tonbildschauen usw. Heute spielt vor allen Dingen der Videoeinsatz eine sehr große Rolle und darum müßte sich der Verkaufsförderer nicht nur mit den traditionellen Werbemitteln und Maßnahmen auseinandersetzen, sondern auch mit den modernen, technischen und auch elektronischen Kommunikationsmitteln.

**Bei der Verkaufsförderung kann die persönliche Leistung ausschlaggebend sein**

Aber nicht nur bei der Händlerschaft findet der Verkaufsförderer gute Einsatzmöglichkeiten. Seine Verantwortung kann auch auf *andere Verkaufsmitarbeiter* im eigenen Hause ausgedehnt werden. So kann der Verkaufsförderer zum Beispiel dafür mit verantwortlich sein, daß die Ergebnisse des Außendienstes verbessert werden. D. h. er hat sich zum Beispiel über die Wirksamkeit der Musterkoffer Gedanken zu machen. Auch die Muster und das Demonstrationsmaterial könnten unter seiner Mithilfe ausgewählt werden. Ebenso kann der Verkaufsförderer mithelfen, wirksame Angebots- oder Referenzmappen zusammenzustellen. Auch um Proben und Gratismuster kann er besorgt sein, ebenso um Prospekte und andere Werbemittel, die der Außendienst mitführt.

**Auch effizientes Informationsverhalten kann den Verkauf fördern**

Die Beeinflussung der Außendienstorganisation oder des Verkäuferstabes überhaupt gehört zu den sehr wichtigen Aufgaben des Verkaufsförderers. Da ist vor allen Dingen an die Bereitstellung von wirksamen Argumenten für alle Angebote zu denken. Ebenso kann der Verkaufsförderer auch helfen, die Schwerpunktartikel herauszufinden und mit der Verkaufsleitung für diese Artikel Sonderaktionen absprechen. Laufende Informationen, die an den Verkäuferstab gehen, hat auch der Verkaufsförderer mit zu bearbeiten. Ebenso kann er eingeschaltet werden, wenn es um Verkaufswettbewerbe geht.

Die Stimulation der Verkäufer, sowohl im eigenen Hause als auch die Weiterverkäufer betreffend, also den Groß- und

Einzelhandel, kann auch zu den Aufgaben des Verkaufsförderers gehören. Dazu zählt die Organisation und Durchführung von Trainingsveranstaltungen, dazu gehört aber auch die Bereitstellung von Trainingsmitteln für die Verkaufstrainer. Das betrifft sowohl die optischen Hilfsmittel als auch Tonträger oder Druckerzeugnisse. Zudem kann der Verkaufsförderer auch selbst als Trainer herangezogen werden, denn in diesem Bereich bieten sich für ihn schon auf Grund seiner Sachkenntnis, die er ja im Bereich der Verkaufsförderung haben sollte, große Möglichkeiten.

Schließlich muß der Verkaufsförderer auch mit der Verkaufsleitung eng zusammenarbeiten. Er kann helfen, Tourenpläne zusammenzustellen, er kann mitwirken, wenn die Besuchsfolge erörtert wird, er kann sich auch bemühen, das Berichtswesen zu verbessern oder er kann sich auch einschalten, wenn es darum geht, bessere Liefertermine durchzusetzen. Alles das sollte nicht nur zum *dienstlichen*, sondern auch zum *persönlichen* Anliegen des Verkaufsförderers werden.

**Ein guter Verkaufsförderer weiß in vielen Dingen Rat**

Endlich sei aber noch einmal hervorgehoben, daß Verkaufsförderung wirklich nur dann optimal wirken kann, wenn sie eingebettet wird in alle anderen Marketingmaßnahmen. Selbst dort, wo man glaubt, kein Marketing im klassischen Sinne betreiben zu müssen, sollte man wenigstens die Verkaufsförderung als eine absatzpolitische Maßnahme betrachten und nicht nur als die einzige, sondern als *eine Maßnahme unter anderen*, wirksamen Absatzbemühungen.

> *Was Verkaufsförderung vermag, ist auch abhängig von der generellen Geschäftspolitik. Man könnte fast sagen, von der Geschäftsphilosophie.* »Viele sehen ihren Erfolg darin, ihren erwirtschafteten Gewinn sicher und betriebsfremd anzulegen, andere stecken jede erwirtschaftete Mark wieder ins Unternehmen und sehen ihren Erfolg in Unternehmenswachstum und Unternehmenssicherung« (21). *Man muß schon zur letzten Kategorie gehören, um durchschlagkräftige Verkaufsförderung zu betreiben, denn ganz ohne Risikofreude geht es nicht.*

# Literaturnachweis

(1) Koinecke, Jürgen; Wilkes, Malte W.; Moderne Vertriebspolitik, München 1978, S. 26.

(2) Koinecke, Jürgen; Wilkes, Malte W.; a. a. O., S. 11.

(3) Schwalbe, Heinz; Zander, Ernst; Vertrauen ist besser, Zürich 1984, S. 31.

(4) Vanderhuck, Rudolf W.; Führung und Motivation von Außendienstmitarbeitern, Landsberg/Lech 1981, S. 166.

(5) Koinecke, Jürgen; Wilkes, Malte W.; a. a. O., S. 147.

(6) Billeter, E. R.; Distributionserfassung als Basis der Außendienststeuerung, in: Verkauf und Marketing, Heerbrugg 11/1982.

(7) Schwalbe, Heinz; Zander, Ernst; Schneller, besser, mehr verkaufen, Heidelberg 1986, S. 110 ff.

(8) Autorenteam; Erfolgreich verkaufen, Hamburg 1985, S. 24.3 (ein Reemtsma-Fernkurs).

(9) Heitsch, Dieter; Das erfolgreiche Verkaufsgespräch, Landsberg/Lech 1983, S. 427.

(10) Cristofolini, Peter M.; Verkaufsförderer, ein Berufsbild, BDTV, Meerbusch 1981, S. 8.

(11) Birkigt, Claus; in: Marketing-Journal, Hamburg 5/1969, S. 352.

(12) Döppner, Heinz-W.; Verkaufsförderung – eine Marketingfunktion, Berlin 1977, S. 32 f.

(13) Schwalbe, Heinz; Marketingpraxis für Klein- und Mittelbetriebe, 4. Aufl., Freiburg 1986, S. 158.

(14) Moser, René O.; Marketingstrategie für den Detailhandel, Münsingen 1980, S. 7.

(15) Kropff, H. F. J.; Die Werbemittel, Essen 1953, S. 17.

(16) Schwalbe, Heinz; Die Werbekosten der Einzelhandelsbetriebe, Köln 1968, S. 7.

(17) Schwalbe, Heinz; Kleines Vademecum für Drucksachenfreunde, Wetzikon 1980, S. 12.

(18) Schwalbe, Heinz; Zander, Ernst; Vertrauen ist besser, Zürich 1984, S. 81 f.

(19) Schwalbe, Heinz; Marketingpraxis für Klein- und Mittelbetriebe, 4. Aufl., Freiburg 1986, S. 192.
(20) S. I.; Die Aktionskalender-Checkliste, in: Lebensmittelzeitung, Nr. 12 v. 21. März 1986, S. 20 f.
(21) Schwalbe, Bärbel; Schwalbe Heinz; Persönlichkeit – Karriere – Geschäftserfolg, Planegg/München 1986, S. 13.

# Stichwortverzeichnis

Absatzvolumen 23
Abschlußangst 71
Abschlußtechniken 70 f.
AHK 83
Analyse 50
Appell 61, 140 ff.
Argumentation 58, 140 ff.
Argumentationstechnik 63 ff.
Aufwand 18
Auslandsfiliale 91

Berichtswesen 30
Besuchsberichte 33
Besuchshäufigkeit 24
Besuchsnotizen 33
BfAI 83
Blockkarte 27
Bonitätsprüfung 102

Coupon 142

Degustation 168
Dekoration 157 ff.
Demonstrationstechnik 66

EFTA 74
EG 74
Eigentumsvorbehalt 105
Einkaufskompetenz 49
Eitelkeit 142
ELE 99
Exportfinanzierung 112
Exportkreditversicherung 103

Fakten 138
Fragetechniken 158

Garantie 112, 141

Geltungsnutzen 170
Großhändler 115 ff.
Gutschein 142

Hängekartei 28
Handzettel 117
Hermes 111
Hochdruckverkauf 44 f.

Idee 131 ff.
Ideenkartei 135
IKH 83
Image 161
Informationen 56
Incoterms 99

Kauferlebnis 158
Kaufsignale 70
Kaufwiderstände 67 ff.
Kombipack 165 f.
Kommunikationsmix 160
Konkurrenzwerbung 133
Kontakte 47 ff.
Koordination 38
Kundenkartei 46
Kundenstamm 48
Kundenstrom 159
Kurzbericht 36

Länderraster 87
Lizenzvergabe 91

Marketing 12
Marketingmix 114
Marketingpraxis 11
Markterfolg 20
Mikrofilm 29
Monatsberichte 33

Motive 50 ff.
Motivanalyse 52 ff.
Multipack 166

Ordner 28
Organisation 14 ff., 143 ff.
Organisationskonzept 25

Packung 156 f.
Plakate 116
Plandaten 147
Planung 38
Presse 165
PR-Kampagnen 164
Produktgestaltung 173
Public Relations 161

Raumausstattung 157
Reisevorbereitung 46
Reklamation 51
Ringbuch 28

Sachdaten 174
Schnellhefter 29
Selbstauskunft 94
Self-Liquidator 168
shop-dressing 159
Sichtkartei 27
Steilsichtkartei 28
Strategie 44
Streuung 149

Taktik 44 f.
Termindaten 147

Terminplanung 38
Tourenplanung 47
Tradeterms 99

Umsatzsteigerung 124
Umweltfreundlichkeit 161
Umworbene 141 f.
Unternehmensziel 146

Verkauf 12 ff.
Verkaufsbezirke 23 ff.
Verkaufsförderung 114 ff.
Verkaufskosten 17
Verkaufsmethoden 15
Verkaufspunkt 125
Verkaufsumfeld 157
Verkaufsvorbereitung 46
Verkaufsziele 39
Verpackung 156 f.
Vertriebssystem 24
Vorplanung 31

Werbeerfolgskontrolle 150 f.
Werbefeldzug 140
Werbemittel 117
Werbetext 135 ff.
Werbung 144 ff.
Werbungsmittler 150
Wertewandel 46
Wochenberichte 31

Zahlungsbedingungen 104
Zettelkasten 135
Zielpublikum 149